구원파의 정체

현대종교 이단사이비 자료집

구원파의 정체

올바른 신앙 건강한 삶을 위한
현 대 종 교

현대종교 이단사이비 자료집

구원파의 정체

초판1쇄 펴낸날 · 2009년 1월 10일
초판8쇄 펴낸날 · 2013년 3월 25일
개정판1쇄 펴낸날 · 2014년 8월 10일
개정판3쇄 펴낸날 · 2020년 3월 5일

펴 낸 이 · 탁지원
펴 낸 곳 · 현대종교
엮 은 이 · 현대종교 편집국
디 자 인 · 예영B&P(T.02-2249-2506)

등록번호 · 제 18-12호(1994. 2. 2)

주   소 · 02059 서울시 중랑구 용마산로 122길 12 (망우동 354-43)
            T.02)439-4391~4   F.02)436-5176
            www.hdjongkyo.co.kr
            e-mail: hd4391@hdjongkyo.co.kr

ISBN   978-89-85200-11-0 (03230)

값 6,000원

- 잘못 만들어진 책은 교환해 드립니다.
- 본사의 허락없이 본서 내용의 전재 · 모방 · 일부 게재를 불허함

현대종교 선언

1. 「현대종교」의 목적은 국내외 신흥종교운동 및 이단사이비운동에 대한 빠르고 정확하고 공신력 있는 정보를 교회와 사회에 제공함으로써 종교관련 문제들의 예방 및 재발방지를 돕는 것이다. 이를 위해 피해자, 피해자의 가족 및 친구, 교회, 교단, 정부사회기관, 학교 및 연구기관, 언론매체 등이 필요로 하는 연구결과를 제공한다.

2. 「현대종교」는 문서활동을 통한 목적달성을 위해 구체적으로 노력하는 한편 밖으로는 국내외의 관련분야 연구자 및 연구단체들과 정보교류 및 인적교류를 통해 상호 협력함으로써 국제적 차원에서의 종교문제에 대한 대응 및 지속적인 상호발전을 도모한다.

3. 「현대종교」는 각종 종교문제의 상담 및 해결을 요청받을 경우 필요한 상담과 자료를 제공하며 정보제공 및 상담과 관련한 모든 내용에 대한 비밀을 지킨다. 또한 필요할 경우 경험 있는 전문가 및 단체와 연결해주며 동일한 종교문제로 다수의 피해자가 발생할 경우 관련 피해자들이 상호연대하여 문제를 해결해 나아갈 수 있도록 돕는다.

4. 「현대종교」는 이단사역에 관심이 있는 모든 이들의 참여를 환영하며 개인, 교회 및 정부사회단체 등의 적법한 후원금을 받는다. 단 연구대상 개인 및 단체로부터의 후원금은 일체 수수하지 않는다.

차 례

현대종교 선언 · 5

I. 권신찬과 유병언의 기독교복음침례회

1. 권신찬과 유병언 · 11
2. 기독교복음침례회 주장 · 19
3. 기독교복음침례회 활동 · 28
4. 기독교복음침례회 포교방법 · 43
5. 기독교복음침례회 교세 · 47
6. 맺음말 · 51

II. 이요한의 생명의말씀선교회

1. 이요한 · 54
2. 생명의말씀선교회 주장 · 56
3. 생명의말씀선교회 활동 · 66
4. 생명의말씀선교회 포교방법 · 68
5. 생명의말씀선교회 교세 · 80
6. 맺음말 · 82

III. 박옥수의 기쁜소식선교회

1. 박옥수 · 85
2. 기쁜소식선교회 주장 · 88
3. 기쁜소식선교회 활동 · 93
4. 기쁜소식선교회 포교방법 · 105
5. 기쁜소식선교회 교세 · 113
6. 맺음말 · 116

IV. 부록

- 구원파 교리 비판 · 126
- 구원파 계열의 이단성과 교리적 차이 · 132
- 구원파 이단상담소 · 140
- 만화: 멸망으로 가는 마인드 강연 · 141

세칭 **구원파**는 세 분파로 나눠져 있다. 첫째, 구원파의 창시자인 권신찬과 유병언이 설립한 **기독교복음침례회**가 있고, 둘째, 권신찬의 사업 확장에 이의를 제기하고 이탈하여 이요한이 설립한 **생명의말씀선교회**가 있으며, 셋째, 박옥수의 **기쁜소식선교회**가 있다. 이들은 한국교회 주요교단으로부터 이단으로 규정되었다.

I 권신찬과 유병언의 기독교복음침례회

기독교복음침례회는 권신찬과 그의 사위 유병언이 설립한 단체로 한국 구원파의 원류격이다. 기독교복음침례회는 '한 번 구원받으면 회개할 필요 없다', '하나님의 일이 사업이다'는 교리를 가르치며 신도들을 미혹했다. 특히, 유병언은 신도의 헌금을 이용하여 사업을 벌이다 상습사기혐의로 복역하기도 했으나, 아들들에게 사업체를 물려주고 그 뒤에서 실질적인 영향력을 행사했다. 기독교복음침례회 신도는 1만여 명으로 추측되고, 전국에 지교회가 퍼져있다.

1 권신찬과 유병언

　권신찬은 1923년 1월 13일 경상북도 영덕군에서 태어났다. 1937년 3월 영해 보통학교를 나와 1940년 8월 일본 통신학 과정을 중퇴했다. 권신찬은 일제강점기 동안 양복점 직공으로 있었고, 해방 후 상경해 1951년 7월 대한예수교장로회 총회신학교를 졸업했다. 1951년 11월 30일 목사안수를 받은 후 12년간 경북 주파교회, 영양읍교회, 경안읍교회, 대구 칠성교회 등 주로 경북지방에서 목회를 했다. 1962년에는 대구장로회신학교에서 일 년 동안 시간강사를 하기도 했다. 율법을 지키지 못함으로 늘 죄책감에 시달리던 그는 1961년 10월 어느 날 네덜란드 출신의 케이스 글라스(Case Glass) 선교사의

기독교복음침례회의 권신찬(좌)과 유병언(우)

설교를 듣던 중 "여러분 거듭났습니까?"라는 질문을 받고 깊은 충격을 받았고, 이후 권신찬의 설교는 영혼의 각성과 구원에 집중됐다. 이듬해 1962년 12월 21일 경북노회로부터 목사 면직처분을 받고 장로교를 탈퇴하게 된다. 권신찬은 1996년 사망했다.

권신찬의 후계자 유병언(1941~2014)은 미국인 선교사 딕 욕(Dick York)이 인도하던 대구 YMCA의 집회에서 영향을 받았다. 유병언은 그 후 독자적인 전도활동을 하다가 권신찬의 외동딸과 결혼한다. 대구를 본거지로 삼아 서울, 안양, 인천 등을 왕래하면서 가정집회를 중심으로 추종자를 모았다. 성구암송 및 언변에 뛰어났던 그는 청년, 대학생들에게 인기가 있었다. 한때 대학동아리 조이클럽과 관계를 가졌고, 이 관계는 서울 서소문에 독립교회를 시작하는 기반이 되었다.

권신찬과 유병언은 1963년경 독립선교사들과 관계를 끊고 그들 나름대로 전도활동을 펴기 시작했다. 1966년 권씨는 극동방송(전 국제복음주의 방송)의 방송목사로 입사했다. 기성교회의 교인들 중 다수가 극동방송 이름으로 개최된 여러 차례의 전도 집회를 통해 구원파로 넘어갔다. 이에 1974년 제95회 예장합동 정기노회는 "전국교회에서 큰 물의를 빚고 있는 극동방송국 방송에 대해 본 교단 교역자가 설교하지 않도록 하는 항의와 함께 방송국 정체를 밝혀 줄 것"을 총회에 건의하기도 했다.

1) 평신도 시절 (1962~1967)

대구 공설운동장 맞은편에 있던 유병언의 집을 본거지로 삼고 칠성예배당이라 했다. 유병언의 "죄사함으로 말미암는 구원"이 중심을 이루었으며 기도와 예배가 강조되었다. 대구 제일모직 여공들과 대구 근교 복성동을 중심으로 전도활동을 벌였다. 당시 사람들은 그를 "유 형제"라고 불렀다. 유병언은 이 기간에 권신찬의 외동딸과 결혼해 두 사람은 장인 사위 관계가 되었다.

2) 설교자 시절 (1968~1971)

"복음을 깨닫고 구원받은 사람"이 증가하자 유병언은 자신감을 얻고 활동영역을 서울, 인천, 안양 등지로 넓혀갔다. "구원받은 성도들 간의 교제"가 메시지의 중심이었다. 기도와 예배의 의미를 왜곡하고 "교제가 바로 기도이며 예배"라는 교리를 가르치기 시작했다. 설교에 자신감을 얻은 그는 서울 약수동 성동교회에서 그들의 교리에 관심을 보인 선교사 세 명과 권신찬을 포함한 한국인 목사 두 명으로부터 목사안수를 받았다. 이때부터 사람들은 그를 "유 목사님"이라고 불렀다. 1969년부터 구원파는 한국평신도복음선교회라는 단체명을 사용했다.

3) 극동방송 부국장 시절 (1972~1974)

"한 몸으로서의 교회"와 교제가 강조되던 시기이다. 1964년 TEAM선교부(미국국제복음주의동맹선교회에서 설립, 운영)는 극동방송의 방송목사로 재직 중이던 권신찬의 중재로 한국어 방송을 담당하기로 계약했다. 유병언은 극동방송 부국장으로 취임했다. 유병언은 미국인 국장의 기존행정체제를 무시하고 "무질서 속의 질서"를 신봉하는 그의 경영철학을 따라 거만한 행정가로 군림한다. 권신찬은 매일 "은혜의 아침"이라는 설교 프로를 통해 기존교회의 "예배행위, 십일조, 헌금, 장로·집사 제도, 주일성수, 새벽기도, 율법을 지키려는 노력" 등을 모두 종교로 규정하고 종교와 율법에서 해방받는 것이 '진정한 구원'이라고 설교했다. 이들은 유병언의 정체를 숨기기 위해 권신찬이 실제 지도자인 것처럼 위장하려 했으나 유병언이 부국장 자리에, 권신찬은 방송 목사직에 있었던 것 자체가 처음부터 유병언이 실세 위치에

극동방송에서 방송 중인 권신찬

있었음을 말해주는 것이다. 이때부터 소속교인들은 유병언을 "모세"에 비유하고, 권신찬을 "아론"에 비유해서 말하기를 좋아했다.

정통교단과 충돌하는 이들의 가르침은 기존교회를 비난하는 설교로 이어졌다. 장로교, 감리교, 성결교, 구세군, 하나님의성회 등 여러 교단과 충돌했다. 미국의 빌리 그래함 목사가 여의도에서 100만 명 집회를 인도했을 때 권신찬은 그의 설교를 녹음한 것을 듣고 "빌리 그래함은 구원받은 줄 알았는데 이 사람도 구원받지 못했다"고 한숨을 쉬었다. 그 이유는 "죄 사함을 깨달으라"고 설교하지 않고 "자신의 죄를 회개하고 예수를 영접하라"고 설교했기 때문이었다. 권신찬과 유병언은 한국평신도복음선교회에서 전하는 구원이 일반 정통교회에서 전하는 구원과 전혀 다르다는 것을 공공연히 드러내기 시작했다. 고(故) 탁명환 소장과 정동섭 목사(사이비종교피해대책연맹 총재, 현대종교 편집자문위원)는 1970년대

초 극동방송에 출연해 매주 한국교회의 이단들을 고발하는 프로그램을 담당했다. 얼마 후 권신찬의 이단적 색채가 드러나자 탁 소장은 1973년부터 권신찬을 세칭 구원파의 교주로 폭로했다. 기독교복음침례회는 기존교단을 "이방인", "불신세력"으로 규정하고 탁명환 소장, 「기독공보」 고환규 편집국장, 서울 서교동교회 문용오 목사 등을 명예훼손 혐의로 고소하여 법정 투쟁을 벌였다.

정통교단의 비난과 항의가 빗발치자 위기의식을 느낀 유병언은 편법으로 이사진을 교체하여 극동방송국을 탈취하고자 했으나 실패로 끝났다. 결국 TEAM 선교부는 계약을 파기하고 1974년 기독교복음침례회 소속 직원 11명에게 방송국을 떠날 것을 통고했다. 권신찬과 유병언이 주도하던 기독교복음침례회가 방송국을 떠난 후 극동방송은 수원중앙침례교회 김장환 목사가 사장으로 취임했다. 현재 극동방송은 기독교복음침례회와 무관한 건전한 기독교 방송매체로 활동하고 있다.

4) 비윤리적 사업가 유병언 (1974~2014)

유병언은 방송국에서 밀려난 후 "교제의 구심점"이 없어졌다며 부도 직전의 부실기업을 구원파 신도들의 헌금으로 인수, 1978년 3월경 삼우트레이딩(주식회사 세모의 전신) 대표이사에 취임했다. 무역거래와 상담을 빙자해 유병언은 미국과 독일을 왕래하며 교세를 확장해 나갔다.

이때부터 유병언은 신도들에게 "유 목사"라고 부르지 말고 "유 사장"으로 부르게 했다. 소위 "영적인 산아제한론"으로 아무나 구원 받게 할 것이 아니라, 의사, 대학교수, 연예인, 정부고관, 부유층을 구원시켜야 한다고 주장했다. 일과 사업이 강조되던 시기로, 유병언이 주도하는 삼우트레이딩, (주)세모 등이 바로 하나님의 일이며 교회라는 논리를 폈다. 전국 각지와 미국, 독일, 캐나다 등 해외에서 송금해 온 헌금을 사업에 투자했다. 또 권신찬과 유병언은 형식적인 기도와 예배는 필요 없고 "하나님의 일 즉 사업을 의논하는 것이 참된 기도이며 예배"라고 가르치며, 신도들이 교회(사업) 중심적 집단생활을 하도록 유도했다.

1992년 이후 사업가 유병언은 위기에 봉착한다. 구원파 신도에 대한 상습사기혐의로 징역 4년을 선고받았기 때문이다. 사업이 곧 하나님의 일이라는 교리로 신도들을 미혹하여 12억 가량의 돈을 편취했다는 점이 인정됐다. 그의 세모그룹은 1997년, 부채 2000억 원을 떠안고 부도가 났다. 세모그룹 부도 이후, 유병언은 공개적인 자리에 나타나지 않았다.

그러나 2014년, 유병언의 이름은 다시 세상에 오르내리게 된다. 수백 명이 사망한 세월호 침몰사고를 조사하던 중, 세월호 선사 청해진해운이 유병언 일가가 운영하는 기업의 계열사라는 사실이 드러났다. 그와 함께, 유병언 일가가 운영하는 수십 개의 계열사도 알려졌다. 부도가 났던 세모그룹의 주요 사업체는 인수합병을 거치며 유병언씨의 두 아들 유대균과 유혁기가 사실상 지배하고 있었다. 계열사를 통해 유병언 일가에 수천억 원의 불법 비자금이 축적되는 정황이 포착됐다. 검찰의 수사에서 모든 계열사의 실질적인 경영주가 유병언으로 지목돼 사회적인 파장이 일었다. 2020년 1월, 서울중앙지법 민사합의22부(이동연 부장판사)는 국가가 낸 세월호 참사 수습비용 중 70%를 청해진해운과 고 유병언 전 세모그룹 회장 일가가 부담해야 한다고 판결했다. 상속을 포기한 장남 유대균씨를 제외한 유병언 자녀들은 세월호 수습비 1700억 원을 지급해야 한다.

5) 신격화된 종교지도자 유병언 (1980~2014)

신도들은 유병언을 "사장님"이라고 불렀으나, 1980년대에 들어서면서 일부 추종신도들은 그를 "살아있는 예수", "살아있는 성령", "하나님", "지혜자"라고 추앙했다. 1977년 정동섭 목사가 마지막으로 권신찬을 만났을 때에도 유병언을 예수님에 비유했었다고 한다. 월간지 「여원」 1989년 7월호에서 오대양사건을 집중 추적한 "오대양사건의 열쇠: 송귀신 여인과 하나님 Y씨"라는 제하의 기사에서, "물귀신" 또는 "송언니"로 통하는 송재화가 1984년 7월경 경기도 한스농장에서 권신찬의 둘째 아들과 결혼식을 올린 후 "신도들에게 유병언을 하나님처럼 추앙토록 하고 자신은 그의 여종이라며 곧 세상의 종말이 온다고 주입시켰다"고 보도했다.

정동섭 목사에 따르면, 2000년 대에 들어서 유병언은 자신이 쓴 시를 교인들에게 암송시키기도 하고, 작곡한 곡을 어린이들에게 합창하게 하거나, '아해교향곡'을 외국인 작곡가에게 의뢰해 연주하게 하기도 했다.

기독교복음침례회는 유병언의 신격화 사실을 부인했다. 세월호 침몰 사고의 책임이 기독교복음침례회로 밀려오자 유병언이 영향력은 있지만 교단과 관계는 없다고 말했다. 그러나 기독교복음침례회는 검찰로부터 유병언을 보호하기 위해 그의 거처였던 안성 금수원에서 농성을 벌였다. 유병언의 도주를 돕는 기독교복음침례회 신도 때문에 수사는 난

항을 거듭했다.

사업가이자 종교지도자였던 유병언은 도피생활을 전전하다 결국 죽음을 맞이했다. 2014년 7월 22일, 검찰은 유병언으로 추측되는 시신 한 구를 발견했다고 발표했다. 6월 12일 전남 순천시 송치재 인근에서 발견된 주검이 유병언의 형과 DNA가 일치했다. 그 시신이 진짜 유병언인지 논란이 들끓었지만, 국립과학수사연구원은 발견된 사체가 유병언임을 확인했다. 국립과학수사연구원이 사망의 원인을 밝히지는 못했고, 그의 죽음이 자살인지 타살인지 다시 의문에 붙여졌다.

2 기독교복음침례회 주장

1) 기독교복음침례회의 핵심교리

기독교복음침례회의 핵심교리는 신도들이 유인물로 가지고 다니는 10가지 질문서 속에 포함되어 있다.

> ① 선생님의 이름이 생명책에 기록된 것을 확실히 알고 믿습니까?
> ② 선생님은 거듭나셨습니까?
> ③ 성령님이 마음속에 계심을 믿습니까?
> ④ 사망에서 생명으로 옮겨진 것을 확신합니까?
> ⑤ 선생님은 의인입니까? 죄인입니까?
> ⑥ 선생님의 모든 죄가 용서되었습니까?
> ⑦ 하나님을 두려워하는 생활이 아닙니까?
> ⑧ 구원받은 것이 확신되어집니까?
> ⑨ 재림주를 영접할 준비가 되어 있습니까?
> ⑩ 구원의 근거가 어디 있습니까?

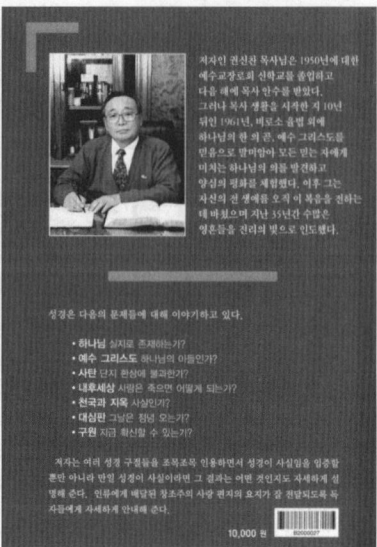

기독교복음침례회의 교리가 명시되어 있는 권신찬의 『성경은 사실이다』

　기독교복음침례회는 위와 같은 질문을 가지고 불신자를 전도하기보다는 기성교회 성도들을 주로 겨냥한다. 그들은 과거, 현재, 미래의 죄까지 다 예수의 십자가사건으로 사함을 받았기 때문에 한번 구원받은 후에는 회개할 필요가 없다고 미혹한다. 회개하는 자는 죄가 있다는 증거요, 죄가 있으면 구원의 반열에 들지 못한다는 것이다. 주기도문도 부정한다. "우리가 우리에게 죄 지은 자를 사하여 준 것 같이 우리의 죄를 사하여 주옵소서"라는 구절 때문이다.

　정동섭 목사는 저서 『구원파를 왜 이단이라 하는가?』에서 그가 경험한 기독교복음침례회의 교리를 "유대인은 예수님을 마음에 영접함으로 구원을 받지만, 우리 이방인은 죄 사함의 복음을 깨달음으로 구원받는다. 하나님은 인간을 사랑하시지만, 인간은 하나님을 사랑할 수 없다. 하나님은 구원파 교회를 예정하신 것이지, 개인을 예정하신 것이 아니다. 하나님은 사람의 영을 구원하시기 때문에, 일단 죄사함을 받으면 육신으로는 어떻게 생활하든 상관없다. 일단 구원을 받으면 의인이 되었기 때문에 다시는 회개할 필요가 없다. 모든 종교행위와 율법의 요구에서 해방되는 것이 구원이다. 복음의 진리를 피동적으로 깨달으면 구원받았다는 것이지, 거기에 인격적인 회개나 믿음의 결단이 필요한 것이 아니다. 성도의 교제가 바로 기도이며 예배다. 새벽기도는 한국인의 미신적인 종교성의 표현이다. 세계 역사상 새벽기도를 통해 신령하게 된 사람은 없다. 모임의 일, 즉 스쿠알렌 약품을 팔고, 사업을 의논하는 것이 성도의 교제이며 예배다. 손으로 지은 교회는 필요 없다. 교회의 참 모습에 대한 비밀이 우리 구원파 교회에서 처음으로 깨달아졌다. 구원파 모임에 붙어 있는 자만 예수님이 재림하실 때 들림 받을 수 있다"고 요약했다.

2) 기독교복음침례회 교리 비판
(1) 구원관

- 깨달음으로 구원을 받는다.
- 구원은 반드시 구원받은 확신이 있어야 하며 구원의 확신이 없으면 구원받지 못한다.
- 구원은 영이 받았으므로 육적으로 하는 일은 관계치 않고 육적으로 범죄하면 그 육이 책임진다.

기독교복음침례회는 죄 사함을 깨달음으로 구원을 받는다고 주장하나, 정통교회는 오직 믿음으로 구원을 받는 것을 믿는다. 자의적인 깨달음이 구원에 영향을 미칠 수 없다고 보는 것이다. 기독교복음침례회 홈페이지 성경관련 Q&A에는 "현재로서는 성경 말씀을 믿고 예수님을 구주로 믿고 있는 것은 확실하지만 언제 거듭났는지도 모르겠고 특별한 성경말씀 구절도 없습니다"라며 구원받았으나 그 일시와 깨달은 성경구절은 모른다는 취지의 질문이 있다. 상담실은 "귀하가 말한 대로 '성경 말씀을 믿고 예수님을 구주로 믿고 있는 것은 확실하지만 언제 거듭났는지도 모르겠고 특별한 성경말씀구절도 없습니다' 라고 말하는 것은 뭔가 부족하다는 생각이 드는군요"라고 답변했다. 그러면서 성경구절을 잊거나 정확한 연월일시는 생각이 나지 않는다고 하더라도 어떤 내용의 말씀인지, 구원받은 때가 반드시 있었다는 것은 기억해야 한다고 전했다. 하지만 정통교회는 구원받은 날짜와 장소를 알 수도 있고 모를 수도 있는 것이지 반드시 알아야만 구원을 받은 것으로 보지 않는다. 구원받을 당시 특정 성경구절이나 그 내용을 알아야 한다고 말하지도 않는다. 날짜, 장소, 특정 성경구절 등이 구원의 조건이 될 수 없고, 구원의 확신 또한 필수적이라고 말하지 않는다. 웨스트민스터 신앙고백 18장에는 구원의 확신에 대해 "참된 신자도 확신을 소유하기까지 긴 시간이 걸릴 수도 있다"고 설명한다.

(2) 죄악관

> ■ 구원받고 한번 깨달으면 다시 범죄도 없고 죄를 지어도 구원과는 상관없고 생활 속에 짓는 죄는 죄가 되지 않는다.
> ■ 구원받은 이후에는 회개할 필요가 없으며, 자백만 하면 된다.

죄에 대한 기독교복음침례회의 주장에 대해 정동섭 목사는 "구원파의 문제는 죄를 잘못 이해한 데서부터 시작되었다"고 지적한다. 그는 "구원파에서 죄를 존재론적으로 이해하여 죄를 인간 속에 존재하는 물질과 같은 그 무엇으로 이해하는 것이 문제"라며, 정통교회는 "죄를 관계론적으로 이해하여 하나님과의 관계에서 불신, 반항, 불순종하는 것을 죄로 이해한다"고 설명한다. 구원받은 후 짓는 죄가 구원과는 상관이 없다는 주장은 사실이나, 정통교회 성도들은 성화되기를 부단히 노력하며 죄를 짓지 않도록 애쓰고 지은 죄를 회개한다. 하지만 기독교복음침례회는 깨달음으로 구원받아 의인이 되었기 때문에 육신으로 지은 죄에 대해 다시는 회개할 필요가 없으며 자백만 하면 된다는 입장이다.

(3) 신관

> ■ 하나님은 인격이 아닌 영이라고 한다.

권신찬의 저서 『양심의 해방』에는 "(사람들이) 영을 자기의 인격적 활동과 혼돈하여 인격의 일부인 이지(理知)나 감정이나 의지로서 영이신 하나님과 접하는 것은 불가능하다"(p.9)고 기록하고 있다. 구원파는 인격성 대신 영성만을 부각시키고, 예수님의 인성보다 신성이나 초월성만을 강조한다. 또 성령의 보편적인 역사를 부인하고 제한하는 특징을 가지고 있다.

(4) 종말관

■ 급박한 시한부적 종말론을 주장한다.

예장통합 연구보고서에 따르면, 『잠시 잠깐 후면』, 『오실이가 오시리니』, 『위험한 지구』, 『임박한 대환란』, 『세계정부와 666』, 『인류파멸의 징조』 등의 책을 통하여 세대주의적인 종말론을 전파하면서 금세기 내에 종말이 올 것 같은 공포감을 조성한다. 구원파 교회에 들어오지 않으면 공중재림 때 휴거될 수 없고, 소위 7년 대환란을 겪어야 하는 것처럼 믿게 하고 있다. 또 구원의 수가 차야 신부인 교회가 완성되어 휴거된다고 한다(권신찬, 『위험한 지구』, pp.27~31).

종말론은 급진적이어서 날짜를 예언하지 않은 것을 제외하고는 다미선교회와 유사하다. 그들은 이스라엘 국가의 독립 및 회복, 666, 적그리스도의 출현, 유럽경제공동체, 세계정부의 실현 가능성, 예루살렘 성전의 재건 등이 그리스도의 재림을 임박하게 하는 징조라고 말한다. 유병언이 마지막 시대에 성령의 입으로 기름 부음 바 되어 그를 통한 이러한 메시지가 하나님의 계시라고 믿는다. "그러한 경험이 있은 후부터는 그 형제(유병언)에게 그렇게 어렵던 성경이 풀리기 시작했고 … 입을 열기만 하면 사람들이 진리를 깨닫는 것이었다. 또 하나의 거대한 변화는 그 때까지만 해도 이스라엘 민족의 회복에 대해 언급하는 사람이 없었는데 이러한 경험 후에 이스라엘 민족의 회복이 곧 성경을 성취시키는 하나님의 계획이라고 알려지기 시작함으로써 그것이 이 복음운동(구원파)의 중심 메시지가 된 것이다." 구원파 신도들의 유병언에 대한 기대는 곧 그를 재림예수로 둔갑시켰다. 1982년 하반기부터 이러한 현상이 구원파 신도들 간에 나타나기 시작했다. "그분(유병언)이 예수다. 유 사장이 살아있는 성령이다." 권신찬의 이러한 주장에 영향을 받아 일부 여신도를 비롯한 기독교복음침례회 소속 교인들은 1982년 하반기부터 유병언을 "예수"라 부르기 시작했다. 유병언을 기름 받은 자에서 유일한 지도자, 살아있는 성령, 예수, 메시아로 부각시켰다.

(5) 교회관

- 가시적 교회를 중요하게 여기지 않는다.
- 이미 구원 얻은 성도는 반드시 교회에 출석하지 않아도 상관이 없다.
- 조직이나 건물이 교회가 아니고 거듭난 자들 자체가 교회다.

기독교복음침례회는 "구원이나 생명이나 깨달음 없는 자들이 모여 그저 찬송이나 부르고 기도나 하고 한 주일에 한두 번씩 모이면 그것이 교회인 줄 알고 생각하는 것은 크게 잘못이며, 그것이 교회가 될 수 없다" 고 정통교회를 비판한다. 교회를 성도의 교제로 보는 이곳은 자신들의 모임 안에서 친교를 나누는 사람들을 구원받은 자들로 인지한다. 하지만 웨스트민스터 신앙고백 25장에는 교회에 대해 '보편적 교회로서 보이지 않는 것'과 '보편적 교회로서 보이는 교회'로 나눠 설명한다. 유형교회를 중요성을 배제할 수 없다.

(6) 교회의 예식 및 제도

- 새벽기도가 필요 없고 따로 시간을 내어 기도할 필요가 없다.
- 기성교회의 성직을 인정치 않는다.
- 주일성수를 할 필요가 없다.
- 순대, 선지를 먹으면 안 된다.

유병언 구원파는 기성교회의 기본적인 제도인 기도, 성직, 주일성수 등을 부정하고, 여러 예식과 제도를 무시한다. 권신찬은 기도에 대한 정의를 구원파 교인들이 그들의 사업체(주님의 일)를 위해 교제하며 의논하고 상의하는 자체가 기도라고 해석한다. 그래서 구원받은 사람은 기도할 필요가 없다고 말한다.

(7) 성경관

> ■ 구약은 벗어나야 할 율법이고 성경을 다 믿지 말라고 말한다.

기독교복음침례회는 십계명을 부인한다. 율법과 계명 등은 성도를 괴롭게 하는 것이며 이러한 종교에서 분리되어 해방되는 것이 복음이라고 주장한다. 그리고 그 율법 종교는 구약이라고 규정하며 구약성경의 권위를 약화시킨다. 그래서 "성경을 다 믿지 말라", "마귀, 사단, 세상 말도 있으며 성경이라고 다 진리는 아니다"라고 가르친다.

3 기독교복음침례회 활동

　서울 서소문에서 교회 모임을 시작한 이들은 2년 정도 성동교회에서 모였다. 이후 명지대 강당, 불광동 양지극장, 한국기독교수양관, 서울여상 강당 등으로 옮겨 다니다가 지금의 삼각지에 자리 잡게 됐다. 1962년 아무 이름 없이 전도활동을 시작했으나, 1969년부터 한국평신도복음선교회라는 이름으로 활동했고, 1981년부터 기독교복음침례회

기독교복음침례회 제1회 수양회 (출처: 기독교복음침례회 홈페이지)

라는 교단이름을 사용하기 시작했다. 1981년 문화공보부(문공부)는 전국의 무인가 신학교를 정비한다고 발표했다. 당시 이러한 분위기에 위기의식을 느낀 구원파는 1981년 11월부터 기독교복음침례회라는 이름을 문공부에 등록하고 교단이름을 사용하기 시작했다. 하지만 「경향신문」과 교계신문에 게재한 교단창립을 알리는 광고에 유병언과 권신찬의 이름은 언급하지 않았다.

1974년 말 기독교복음침례회 신도들이 주식을 사는 형식으로 헌금하여 인수한 삼우트레이딩은 운영과정에서 여러 차례 부도의 위기에 직면했으나, 그때마다 신도들의 헌금으로 위기를 모면했다. 유병언은 1975년부터 지역 교회의 십일조를 서울로 끌어 올렸고 대전 문화동의 꽃동네 모금운동, 병원 짓기 모금운동, 수양관 건립 모금운동 등 각종 모금운동을 전개했다. 1978년 인천모임에서는 회사경영을 반대하던 신도 500여 명이 서울과 인천에서 집단 이탈하는 일이 벌어졌다. 유병언의 비합리적이고 독재적인 경영방식에 불만을 품고 있던 회사간부 중 다수가 1980년을 전후해 기독교복음침례회를 이탈했다.

1) 기독교복음침례회의 분열

유병언의 헌금전용과 독주에 반기를 들고 (기독교복음침례회 내에서 안수를 받은) 이요한(이복칠) 측이 1983년 2월 세속적인 사업으로부터 "복음을 수호한다"는 유인물을 배포하며 반발했다. 그러자 유병언의 추종자들이 이요한을 집단 구타해 대전에서 다섯 명이 구속되는 사건이 발생했다.

다음은 이요한 측에서 배포한 유인물 내용을 요약한 것이다.

> ① 유병언 사장이 하나님으로 유일한 지도자가 될 수 없다.
> ② 유병언 사장이 주도하는 사업이 곧 교회이며 하나님의 일이라고 할 수 없다.
> ③ 유병언 사장은 사업을 시작한 후 오늘까지 사업경영에서 발생하는 적자요인과 필요한 자금을 교회의 헌금으로 의존하여 왔다.
> ④ 유병언 사장은 사용된 건축헌금 내역을 교회 안에 밝혀야 한다.
> ⑤ 성도들이 교회에 바라는 십일조헌금이 삼우 회사의 사채 이자로 지불된다는 것이 사실이라면 즉각 시정되어야하고 교회의 운영과 전도 사업에만 사용되기를 바란다.
> ⑥ 우리는 교회가 이윤추구를 목적으로 하는 기업과는 분리되어야 한다고 생각한다.
> ⑦ 우리 형제·자매들은 유병언 사장의 상기 지적사항에 대하여 공개적인 해명을 요구하며 이에 대한 조치가 없을 경우 계속 투쟁할 것을 선언한다.
>
> 1983년 1월 16일 복음수호위원회 일동

2) 기독교복음침례회의 집단생활

기독교복음침례회 신도들의 집단생활은 그동안 여러 차례에 걸쳐 세간에 알려졌다. 당시 민주당 박찬종 의원에 의해 서울 강남구 청담동 강남세무서 주변 주택 및 삼성동 AID아파트 주변에서 기독교복음침례회 신도 300~400가구가 소위 '세모타운'이라는 이름으로 집단생활을 하고 이 지역 상가를 장악했던 사실이 밝혀진 바 있다. 당시 지역주민들의 증언에 의하면 이들은 아파트 한 채에 두 가구씩 생활하면서 대부분은 월세로 살며 모은 돈으로 사업에 투자했다. 기독교복음침례회의 대표 권신찬의 생질 오○○이 인근 지역에 부동산을 운영하면서 빈집이 나는 대로 확보해 세모 관계자들이 입주할 수 있도록 주선했다고 한다.

한국녹색회 마크

기독교복음침례회의 한 이탈자는 "그 지역 상가의 여직원들은 이웃과의 접촉을 거의 끊고 자기들끼리 집단생활을 했으며, 상점 실적이 나쁘면 문책을 당하기도 했다"고 전했다. 한편 유병언이 사장으로 있던 시절, (주)세모 직원들은 인천에서도 집단생활을 해왔던 것으로 알려졌다. 뿐만 아니라 전남 완도에도 이들이 장사를 하면서 집단생활을 했다. 이 지역 주민들도 "(기독교복음침례회 신도들은) 장사 외에는 일절 동네 사람들과는 어울리지 않았고 가족이 아니면서도 집단생활을 했다"고 증언했다.

유병언의 거처이기도 했던 경기도 안성 금수원은 기독교복음침례회 신도들이 집단생활을 하거나 수양회를 여는 장소로 사용되어 왔다. 적어도 2014년까지 유병언 일가와 계열사 고위 임원은 소위 세모타운에서 집단생활을 해왔다.

집단생활은 유병언이 사업을 일으킬 밑천이 되기도 했었다. 유병언의 초기 활동을 지켜본 한 신도는 "유병언이 칠성모임(기독교복음침례회에서는 '예배'란 용어 대신 '모임'이란 용어를 씀)의 헌금으로 대구 근교의 과수원을 매입,

신도들이 집단생활을 하며 과수원을 운영했고 나중에는 이를 팔아 삼우트레이딩 인수 자금을 충당했다"고 밝혔다.

유병언 일가와 계열사 고위 직원이 거주했다는 '세모타운'
(출처: 〈TV조선〉 영상 갈무리)

3) 기독교복음침례회의 위장사업

기독교복음침례회는 정통 기독교인들을 포섭하고 아울러 자신들의 정체를 위장하기 위해 1988년부터 「크리스찬 월드」라는 월간지를 발간했었다. 이 잡지는 이스라엘과 중동사태 중심의 기사를 다뤄 독자들에게 종말위기 의식을 고취시켰다. 1990년대 초부터 경영권이 다른 사람에게 양도되었지만 기독교복음침례회는 극단적인 세대주의를 다루는 책을 계속 선전했다. 유병언은 늘 자신의 사업을 "새마을사업의 성공사례"로 선전해, 제5공화국 시절 전두환 전 대통령은 종종 그의 업체공장을 방문하곤 했다. 유씨는 KBS, MBC TV에 자주 출현하기도 했고, 일간 신문이나 경제신문에 그의 얼굴이 등장하기도 했다. 1978년 이리 이재민을 돕기 위한 바자회를 연후 거의 매년 "자연보호 기금마련을 위한 바자회"를 백화점 등에서 열어 수천만 원을 자연보호협회에 기탁하기도 했다. 자연보호를 벌인다는 취지의 '녹색회'를 결성하여 전국 대학에 조직적으로 침투하려고 시도했다.

권투와 태권도를 좋아했던 유병언은 1981년 신도들의 헌금으로 '이

수항 라이트 헤비급 타이틀 매치'에 대회장으로 등장한 것을 비롯해 수차례 권투프로모터로 활약하기도 했다. 거액의 정치헌금으로 민정당 재정 후원회원과 모범당원이 된 유병언은 당시 레이건 대통령이 방한했을 때 (주)세모에서 경호를 지원하도록 해 내무부장관으로부터 감사장을 받기도 했다.

유병언은 오대양사건과 관련 되면서 그 영향력이 감소하기 시작했다. 그가 상습사기죄로 4년을 복역한 후 세모그룹은 부도를 맞았다. 그러나 표면적으로 종결된 유병언의 사업은 끝나지 않았다. 세모그룹 주요 사업체는 인수합병을 거치며 결국 유병언의 두 아들에게 돌아갔다. 유대균과 유혁기는 지주사격으로 움직이는 아이원아이홀딩스를 중심으로 스쿠알렌으로 유명한 세모와 세모해운의 후신인 천해지 등을 계열사로 운영했다. 2014년 세월호 침몰 사고 이후 유병언 일가가 운영해왔던 사업들이 속속들이 드러났다. 유병언 일가가 소유하고 있거나 관련된 기업들은 다음과 같다.

세모그룹은 부도가 났지만, 주요사업체는 유병언의 아들에게 돌아갔다. 위에서 부터 (주)세모, 조선사업체 천해지, 스쿠알렌이 유통되는 다판다 로고.

> **계열사**
> 아이원아이홀딩스, 세모, 다판다, 온지구, 문진미디어, 모래알디자인, 트라이곤코리아, 21세기, 아해, 천해지, 청해진해운, 국제영상, 온나라, 한국제약, 달구별, 소쿠리상사, 노른자쇼핑, 기호산업, 클리앙, 호진산업, 새무리, 넓은, 헤마토센트릭라이프, 붉은눈이 오목눈이, SLPLUS, 키솔루션 등
>
> **해외현지법인**
> 세모 8개 계열사(일본, 중국, 인도네시아, 베트남, 홍콩, 미국, 브라질), 미국 하이랜드스프링스, 아해프레스, 퍼시픽홀딩스, 큐브러닝시스템, 큐브올개닉스 등

　유병언 일가의 사업체는 기독교복음침례회 신도들의 이익이 아니라 개인의 영달을 위해 운영됐다. 유병언 일가는 이들 계열사를 통해 거대한 자금을 축적하고 있었다. 밝혀진 바에 따르면, 2013년까지 유병언 일가는 자문료 및 상표권 등 명목으로 주요 계열사로부터 1000억 원의 수수료를 챙겼다. 유병언 일가가 상표, 디자인, 특허권으로 출원한 개수만 1663개 이로 얻은 수익은 996억 원에 달했다. 뿐만 아니라, 유병언은 '아해'라는 사진작가로 활동하며 자신의 작품을 계열사에 고액에 판매했다.

　영농조합법인을 통해 매입한 대규모 부동산이 유병언 일가의 차명재산이라는 의혹도 제기됐다. 청초밭영농조합법인(제주도 서귀포, 추자도 일대), 보현산영농조합법인(경북 청송군 일대), 옥청영농조합법인(경북 의석군, 울릉군 일

대), 몽중산다원영농조합법인(전남 보성군 일대, 울릉도 태하리 일대), 하나둘셋영농조합법인(서울 염곡동 일대, 안성 금수원) 등이다. 청초밭영농조합법인 등기부등본에는 "기독교복음침례회를 위한 사업을 목표로 설립됐다"고 명시됐고, 하나둘셋영농조합법인은 소위 염곡동 세모타운 일대와 기독교복음침례회 금수원의 땅을 가지고 있다. 새누리당 김재원 의원은 보현산영농조합법인, 옥청영농조합법인, 몽중산다원영농조합법인이 유병언의 차명재산이라는 의혹을 제기했었다. 보현산영농조합법인의 경우 2013년 말 기준, 지분 27.3%를 아해와 다판다가, 몽중산다원영농조합법인은 문진미디어가 31.87%의 지분을 보유하고 있다.

보현산에서 내려다 본 경북 청송군 현서면 일대

4) 오대양 사건

1991년 7월 10일 오후 5시 경. 충남지방경찰청에 1987년 8월 29일 경기도 용인군 남사면 북이리 소재 (주)오대양공장에서 변사체로 발견된 32구의 주검 미스테리가 잊혀 가고 있을 즈음 갑자기 오대양 간부 및 직원 여섯 명이 당시 총무 노순호를 비롯하여 세 명을 살해하여 대전시 동구 하소동(당시 충남 대덕군 산내면 하소리)에 암매장했다고 자수했다. 자수자 여섯 명은 1985년 3월 초순경에 박순자의 지시를 받아 대전시 가수원동 소재 (주)오대양 사무실에서 기숙사 식모를 직원 세 명과 함께 살해한 후 하소동 오대양농장에 암매장했으며 그 다음해에는 오대양 구내식당에서 육아원 보모를 살해하여 같은 장소에 암매장했다고 밝혔다.

자수자들은 사건발생 3년 만인 1990년 6월 서로 만나 자수를 결심한 뒤 일 년이 지나서야 '양심의 가책'을 느껴 자수했다고 자수동기를 밝혔다. 충격적인 집단자수사건이 터지자 무소속 김모 의원은 수사본부에 들러 "이 사건은 단순한 사교집단에 의해 일어난 것이 아니라 배후가 있으니 이를 철저히 밝혀야 된다"고 했다. 그리고 얼마 후 김모 의원은 "오대양사건은 집단자살극이 아니라 배후세력에 의해 집단 타살된 것"이라는 극적인 주장을 펼쳤다. 그러나 당시 경찰은 사건발생 이틀 만에 시체들을 화장해 버렸고 사건의 증거품인 옷가지와 노끈유류품들을 분실했다.

당시 언론은 일제히 각본자수 의혹이 짙다고 보도했고, 위장자수 쪽으로 사건의 수사가 전개되었다. 신문들은 자수의 동기를 이들을 장악하는 배후세력이 있어 고차원적인 목적수행을 위해서 스스로 벌을 받게 사주했거나, 생명의 위협을 느껴 스스로 목숨을 부지하기 위해 집단 보호를 목적으로 자수한 것이 아닌가, 이들이 제3의 범죄를 저지르고 그 범죄가 터질까봐 자수한 것이 아닌가 하는 세 가지 예견으로 보도했다.

그 후 검찰은 오대양과 (주)세모의 연결고리를 단절시키기 위한 각본에 의해서 집단자수가 이루어졌음을 밝혔다. 또한 1991년 7월 19일 오대양 사건의 배후는 (주)세모 사장이며 기독교복음침례회 실제대표인

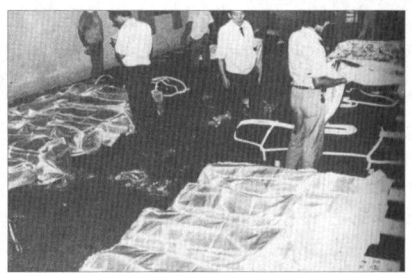

경기도 용인에 위치한 오대양공장　　오대양공장 지붕에는 32구의 시체가 발견되었다.

유병언이 관련 돼 있는 증거를 입수했다고 밝혔다. 오대양 변사사건 20일 전에 각각 한 차례씩 했던 강남구 역삼동의 태양열주택과 대전의 오대양 본사간의 전화통화가 그것이다. 유병언과 여신도들 간의 대화를 녹음한 테이프를 입수했다고 밝히고 박순자-송재화-유병언 간의 현금 거래를 한 것이 확인됐다고 폭로했다.

또 1981년 10월 반도유스호스텔에서 가진 삼우트레이딩 간부들의 수련회에 송재화와 유병언이 함께 찍은 사진을 공개했다. 이어 유병언과 송재화와 전혀 관련이 없다고 이야기한 날 송재화는 탁명환 소장에게 부산 모임에서 유병언과의 밀접한 관계를 털어 놓은 간증 테잎을 우송해 언론에 공개하게 됐다. 그러나 사건의 열쇠를 쥐고 있는 송재화가 갑자기 자취를 감췄고 (주)세모가 탁명환 소장을 고소했을 때 나타나서 세모에 유리한 거짓 증언을 했다. 1991년 7월 22일 검찰은 유병언을 비롯하여 27명에 대해 출국 금지 조치를 취하고 본격적인 수사에 들어갔다. 이어서 밝혀진 것은 자수자들 전원이 기독교복음침례회 신도였다는 사실이었다. 당시 미국에 있는 권신찬은 병 치료를 핑계 삼아 한국에 오는 것을 거부한 채 잠적해 버렸다. 모든 조사 후에 검찰은 오대양-기독교복음침례회-(주)세모의 전모를 발표했으나 국민들이 납득할만한 내용은 없었다. 다만 (주)세모의 유병언의 상습 사기 사건이라는 일부 혐의만 인정했다.

　기독교복음침례회는 이후 자신들에게 비판적인 개인이나 단체들을 법적으로 고소해오고 있으나, 그 정당성을 인정받지 못했다. 2008년 9월 24일 정동섭 목사는 기독교복음침례회 유병언이 명예훼손 혐의로 고소한 사건에서 무죄 판결을 받았다. 사건의 요지는 정 목사가 기독교복음침례회를 탈퇴한 후 집회 및 세미나를 통해 유병언을 비판하며 비방했다는 것이다. 그 내용은 정 목사 저서『구원파를 왜 이단이라 하는가?』에서 "유병언 계열은 교인들의 재산을 착취하여 사업에 투자했다든가, 오대양 사건에서 보듯 반대자를 살해했다는 등의 열매를 통해 그 이단성을 분별할 수 있었다"는 내용과 정 목사의 간증에서 "제가 오대양 사건을 일으킨 것으로 알려진 구원파에 빠지게 되었습니다. 제가 사람을 죽인 게 아니니까 괜히 이상한 눈으로 보지 마세요"라고 강연한 것을 문제 삼은 것이었다.

　법원은, "피고인(정동섭 목사)으로서는 위 내용 중 중요한 부분에 있어서 진실에 합치하거나 진실에 합치한다고 믿을 만한 상당한 이유가 있었던 것으로 보이는 점 … 위 책자의 주요 내용은 구원파의 교리와 기존 기독교의 그것과 어떻게 다르고 그로 인한 피해는 무엇인가에 관한 것으로 종교적 비판의 표현행위라 볼 수 있으며, 그 내용이 전혀 터무니없는 억측에서 비롯된 것이 아니라 나름대로의 논리적 근거를 제시하고 있는 것으로 보이는 점, 위 책자와 강연에서 적시된 사실들이 종교적 신앙 또는 교리에 관한 내용이 아니라 단정하기 어려운 점" 등을 들어 무죄를 선고했다.

5) 세월호 침몰 사고

2014년 4월 16일, 승객 476명을 태우고 인천에서 제주도로 향하던 세월호가 진도 앞 바다에서 좌초했다. 구조자는 첫날 구출한 172명뿐이었다. 그날 배에는 수학여행을 떠나던 단원고등학교 학생 325명이 타고 있었다. 학생은 72명만 구조에 성공했다. 전 국민이 슬픔에 빠졌다. 검경합동수사본부는 사고의 책임을 규명하기 위해 선사 청해진해운과 탈출한 선원을 조사하기 시작했다.

이 과정에서 세월호 침몰 사고가 기독교복음침례회 때문이라는 논란이 일었다. 조사 과정에서, 선사 청해진해운을 보유한 천해지가 유병언의 두 아들 유대균, 유혁기의 아이원아이홀딩스 계열사라는 사실이 밝혀졌다. '어떤 죄를 지어도 기독교복음침례회에 영향을 받지 않는다'는

4월 16일, 침몰하고 있는 세월호
(출처: 연합뉴스)

기독교복음침례회의 교리가 언론을 통해 보도되자 비난여론이 기독교복음침례회에 집중됐다. 검찰은 유병언과 두 아들이 청해진해운의 경영에 관여했을 것으로 보았고 수사는 급물살을 탔다.

유병언과 세월호 침몰 사고의 연결고리는 크게 두 가지였다. 하나는 '기독교복음침례회의 교리' 와, 또 하나는 '유병언이 청해진해운 등 계열사의 실질적인 소유주일 가능성' 이었다. 초기에는 기독교복음침례회의 교리가 선원과 선사에게 영향을 주지는 않았는지 논란이 됐다. 당시 청해진해운 관계자 다수가 기독교복음침례회 신도라는 보도가 났었기 때문이다. 선원들은 세월호가 침몰할 때 승객을 구조하지 않은 채 배를 유기하고 탈출했다. 세월호 침몰의 원인은 증톤(증축), 과적, 부실한 고박 등으로 인한 복원력의 상실이었다. 청해진해운은 정원을 늘리기 위해 무리하게 배를 개조했고, 화물은 기준보다 3배 이상 실었다. 과적한 화물을 고정조차 하지 않았다. 청해진해운은 배가 위험한 상태라는 사실을 알고 있었다. 선원 책임감 결여와 청해진해운의 안전의식 없는 경영은 윤리적인 비난을 피할 수 없었다.

유병언 일가 계열사를 수사한 결과, 사업체들의 대표, 이사, 감사, 주주 상당수가 기독교복음침례회 신도인 것으로 밝혀졌다. 검찰은 청해진해운 급여대장에서 '회장' 의 이름으로 급여가 지출된 사실을 포착했고, 유병언이 계열사의 회장으로 등재된 내부조직도를 입수했다. 유병언이 계열사를 장악한 경영주라는 정황이 드러난 것이다. 사업과 교회를 동일시하는 기독교복음침례회의 교리는 세월호 침몰 사고와 구원파의 연관성을 강화시켰다. 또한 수사 과정에서 불법행위가 발견돼 관계자들의

2014년 4월 28일 KBS 본사 앞에 집결한 기독교복음침례회 신도들은 기독교복음침례회에 대한 대부분의 언론 보도 내용이 오보라고 항의했다.

횡령, 배임, 탈세, 부동산실명거래법위반, 외환거래법 위반 등의 비리 수사가 진행됐다.

  기독교복음침례회의 일부 자료가 압수대상이 되자 기독교복음침례회는 "종교탄압"이라고 분노했다. 기독교복음침례회는 유병언과 교단은 상관이 없으며, 회사도 일부 교인이 운영하는 것이라는 입장을 밝혔다. 사업과 교리를 일치시키는 교리도 없다고도 말했다. 기독교복음침례회는 신도들을 모아 항의집회를 열고, 검찰의 출두명령을 받은 유병언을 비호하기 위해 금수원에서 농성을 벌였다. 기독교복음침례회는 유병언 일가의 비리 사실을 부인하고, 사업체들도 신도들의 소유라고 주장하기도 했다.

검찰은 유병언에 지명수배를 내리고 전국적인 수색에 나섰지만 쉽사리 잡지 못했다. 그러다 2014년 6월, 전남 순천에서 유병언의 시신이 발견됐다. 한 달 뒤 국립과학수사연구원은 발견된 시신이 유병언이 확실하다고 발표했다. 하지만 그의 죽음을 둘러싸고, 그 시신이 유병언이 진짜로 맞는지, 자살인지 타살인지에 대한 의혹이 증폭된 채로 남아있다.

4 기독교복음침례회 포교방법

1) 환경단체 한국녹색회를 통한 포교

한국녹색회(회장 정윤재, 녹색회)에 대해서는 「현대종교」가 여러 번 다룬 바 있다. 그것은 기독교복음침례회와의 관계성 때문이다. 「현대종교」 2002년 12월호에 '구원파의 또 다른 얼굴 한국녹색회, 환경단체 표방한 한국녹색회 활동, 기독교복음침례회가 주도', 2005년 5월호에는 '경북 청송, 우보에 이어 옥산 땅 매입 의혹, 청송지역 간담회에서 구원파와 관련 실토'라는 제목으로 기사화했다. 이에 녹색회는 위의 기사들과 함께 청송 지역근처에서 탁지원 소장의 강의를 녹취(기독교복음침례회와 녹색회 관련 부분)해 자신들은 기독교복음침례회와 관계가 없고 순수한 환경단체라고 당시 「현대종교」를 상대로 고소했으나 무혐의 처리되었다.

한국녹색회가 추진하고 있는 "청녹마을 프로젝트"를 위한 구체적인 작업은 보현산에 자생하는 산나물을 보호하기 위해 등산로를 차단하고 철조망을 설치하는 한편, 고추, 옥수수 등 농작물을 기르는 일 등이다. 이를 실제적으로 실행하는 사람들은 주말마다 전국에서 몰려드는 청년

대학생들이다. 그러나 이들은 각 대학에 조직되어 있는 녹색회 동아리 학생들이 아니라 기독교복음침례회의 청년 대학생들이다.

2002년 기독교복음침례회의 청년 대학생 활동방향에는 외국어팀, 환자방문팀, 교회학교팀, 성가대팀, 녹취팀, 스크랩팀 등이 있었는데 그 중 하나가 이른바 "녹색회활동"이었다. 각 지방별로 두 개의 조를 구성하여 주말마다 활동했다.

대학생들은 미리 조직된 지역으로 주말마다 청송과 안성을 방문하여 한국녹색회 활동을 했다. 특히 서울지역에 있는 대학생들은 토요일마다 안성주말학교에서 성경공부를 하고 일요일 새벽에 청송으로 가서 하루 종일 경비와 작업을 하고 서울로 돌아온다. 2002년 경북 청송갈천리에는 한국녹색회 회원 7~10가구가 이미 집단생활을 하고 있었다. 이들도 역시 그 지역 주민들과 친분관계를 만들지 않고 은둔생활을 했다. 이처럼 환경단체라는 이름으로 자신들의 정체를 드러내지 않고 청송지역에

기독교복음침례회는 한국녹색회라는 이름으로 활동하고 있다.

서 토지를 매입해 주변지역과 단절된 채 집단생활을 하는 것은 전형적인 기독교복음침례회의 활동과 일치한다.

한편 미국에서 미혹 당했던 한 자매는 "그 쪽 핵심리더들이 한국에 돌아가면 경북 K대에 있는 환경동아리 녹색회에 등록해 활동할 것을 권유했다며 한국녹색회는 기독교복음침례회의 동아리임을 강조했다"고 증언했다. 대학의 동아리나 순수한 환경단체인 것처럼 위장해 사람들을 끌어들이고 있는 한국녹색회는 "천국의 스파이로서 정체를 드러내지 않은 채 공동생활을 해야 한다"고 강조하고 "신앙생활과 복음 전파를 위한 공동의 생활 기반사업으로 선교하겠다"는 전형적인 그들의 '전위조직'인 것이다.

2) 전도집회를 통한 포교

기독교복음침례회는 여러 곳에서 전도 집회를 통해 포교를 한다. 기독교복음침례회 홈페이지(www.ebcworld.org)에는 2007년 12월부터 2008년도까지 집회 일정이 기록되어 있었는데, 2007년 12월에는 벤쿠버 수양회와 중국 주해에서 전도 집회를 했다. 2008년 1월과 2월에는 전국에서 집회를 했다. 1월에는 전주, 수원, 부산, 안성, 목포, 대전, 파주, 순천, 거제/통영 등지에서, 2월에는 고성, 천안, 성남, 안양, 광주, 동해, 여수 등지에서 전도 집회를 했다. 3월에는 멕시코, 독일, 괌을 시작으로 5월 일본, 브라질 7월 영국과 LA에서 전도 집회를 했다. 또 제주 표선에서는 매달 전도 집회를 했다.

홈페이지에 게시된 글을 살펴보니 전도 집회가 새신도 포교에 초점이

맞춰 있음을 알 수 있었다. "일요일 오전 9시 토요일 저녁의 마지막 강연을 끝으로 죄 문제를 해결한 30명 가량의 사람들이 침례를 받았다 … 30여 명의 사람 중 2,3명을 제외한 나머지 사람들은 모두 이번집회를 통해 구원을 받았다." 왜관 집회에 서는 "집회가 마무리 되는 토요일, 10명의 사람들이 주님 품으로 돌아

기독교복음침례회는 전도집회를 통해 포교하고 있다. (출처: 기독교복음침례회 홈페이지)

왔다 … 일요일에는 주님의 보혈에 참여하는 마음으로 성찬식도 거행되었다"며 "이번 집회는 시작 전부터 교통사고로 얼룩진 우려 섞인 상황 속에서도 적지 않은 인원이 주님께 돌아와 식구들의 가슴 뿌듯함을 감출 수 없었다. 또한 이미 해결되었지만 모임에 출석하지 않고 관망하는 일부 식구들도 이번 전도 집회를 계기로 다시금 기경된 모습을 확연히 볼 수 있었다"고 보고했다.

이들의 전도 집회 순서는 대부분 비슷하다. 먼저 인생과 성경의 과학적인 부분을 주제로 다루고 이스라엘 역사, 인생의 죄와 그 죄를 해결하기 위한 복음에 대한 내용을 다룬다. 그리고 새롭게 구원받은 사람들과 이전에 구원을 받았지만 아직까지 침례를 받지 못한 사람들을 위해 침례식을 한다. 지금의 기독교복음침례회 홈페이지는 회원가입을 해야 집회 소식을 확인할 수 있다.

5 기독교복음침례회 교세

　기독교복음침례회는 폐쇄적이어서 규모를 정확히 알 수는 없다. 기독교복음침례회 건물은 서울시 용산구 한강로 1가에 위치해 있다. 「현대종교」 기자가 집회 참석을 했던 2006년 당시 건물은 낙후돼 있었으며 1층은 음식점, 2층은 기독교복음침례회, 3층부터는 거주지로 사용되고 있었다. 건물의 위치는 찾기 어려웠다. 주변에 안내문도 없었고, 1층에 붙은 '기독교복음침례회 서울교회'라는 작은 현판이 전부였다. 모임은 수요일과 목요일 오후 8시 성경공부모임과 일요일 11시 예배가 있었다. 목요일 성경모임에는 30여 명이 참석했다. 교역자로 보이는 한 사람이 앉아 성경구절을 읽어주고, 성경에 대해 설명하는 방식으로 진행됐다. 성경구절을 읽은 후 그와는 상관없는 창세기의 아담부터 시작해서 성경인물들을 나열하며 설명할 뿐 기성교회에 대한 비판 등 기독교복음침례회 교리는 들을 수 없었다. 모임은 1시간 30분 정도 진행됐다.

서울시 용산구에 위치한 서울교회. 유병언 차남 유혁기가 영상으로 설교하고 있다.

일요일 11시 예배에는 목요일 성경공부 모임과는 비교할 수 없을 정도로 많은 500여 명의 인원이 모였다. 2층은 신도들로 가득했고, 약속이나 한 듯 중앙에는 6,70대 노인들이, 좌우 측 의자에는 4,50대, 초·중·고등학생들은 맨 앞 강대상 좌측에 자리했다. 설교 전에는 9명이 나와 찬송가 세 장을 부르고, 찬양대 40여 명이 찬송가를 부른 후 설교가 시작됐다. 설교는 TV 모니터를 통한 영상 설교였다. 넓은 공간에 설치된 15대의 모니터를 통해 유병언의 둘째 아들이며 차기 대표자로 거론됐었던 유혁기가 설교를 했다. 한 시간 정도 설교와 광고를 한 후 예배가 끝났다.

기독교복음침례회 홈페이지와 포털사이트의 블로그에 게시된 글들을 통해 그들의 교세를 추측해 보았다. 한 블로그에는 2005년 여름 수양회에 대한 글을 게재하면서 다음과 같이 알리고 있다. "37년 전 150여

일요일에는 500여 명이 모여 예배를 드리고 있다.

명이 모여 제1회 수양회를 시작한 이래 점점 교세가 늘어가면서 지방의 실내체육관이나 전도대회를 해오다가 늘어나는 참가자들을 감당할 수 없어 10년 전부터 경기도 안성에 터를 정하고 수양관을 마련했다. 지금은 주변 산과 들, 대지를 합쳐서 약 30만 평의 땅 위에 세계에서 제일 큰 온돌방이라고 하는 2700평의 대강당과 부대시설 등 단위 교단의 수양관시설로는 몇째 안가는 규모인 것 같다. 기독교복음침례회의 연례행사인 여름 수양회의 금년도 참가 예정 인원은 국내 90여 개 지역 교회와 세계 여러 곳, 즉 미국과 캐나다, 중미의 몇 개 도시, 멕시코와 브라질 유럽에서는 스웨덴, 영국, 독일, 프랑스, 폴란드, 러시아와 카자흐스탄, 중국의 여러 지역, 홍콩, 베트남, 태국, 필리핀, 일본까지 모두 약 1만 2000명을 예상한다."

40회 여름수양회에 대한 보고에 따르면, 2008년 7월 26일부터 8일간 경기도 안성시 보개면에 위치한 수양관에서 열렸다. 국내의 99개 지교회의 신도들과 북미주, 중남미, 유럽, 동남아 여러 나라의 신도들이 참석했다. 9300여 명이 참석했고 그중 외국인과 외국에 거주하는 교포들이 500여 명이었다.

2008년 여름수양회 현장
(출처: 기독교복음침례회 홈페이지)

『한국종교연감』(1993)에 따르면 기독교복음침례회는 서울시 용산구 한강로1가에 본부를 두고 있으며, 206개 교회에 목사 41명, 전도사 96명, 운영위원 236명에 10만 명의 신도가 있다고 밝히고 있다. 관련된 기관은 갈렙회, 녹향합창단, 새길영상, 기독교복음침례회출판부 등이 있으며 정기간행물은 「새길」, 「소식」(미국, 일본), 「젊은합창」, 「새순」 등 이(『한국종교연감』, 1993, p. 973)있는 것으로 기록되어 있다.

최근에는 교세가 크게 줄어든 것으로 알려지고 있다. 언론에 따르면 많아도 1만 명 정도로 예상된다. 유병언 일가의 비리사실이 폭로되고 사회의 지탄이 이어지면서 신도들의 탈퇴가 빈발해진 것으로 알려졌다.

6 맺음말

　기독교복음침례회는 "국내·외 성경탐구 모임" 또는 "성경은 사실이다"라는 제목으로 전도 집회를 한다. 이들의 집회는 동영상과 사진 및 신도들이 준비한 여러 가지 과학적인 자료들을 내세우며 교리를 전파한다. 전도집회 후기를 보면 이들의 전도집회는 소위 '깨닫지 못했던' 사람들이 '깨닫길 바라는' 목적이 있는 것을 알 수 있다. 또한 한국녹색회라는 이름으로 많은 대학생들을 미혹한다. 정동섭 목사는 『구원파를 왜 이단이라 하는가?』에서 "자신의 죄에 대해 책임감을 느낄 때에만 회개가 가능한 것이다. 원죄를 깨닫고 예수님께 돌이키는 것이 회개라고 말하기도 하지만 회개에 대한 이해가 정통교회와 전혀 다르다는 데 문제가 있는 것이다. 구원파에서는 자범죄를 회개해도 소용이 없다. 원죄가 예수님에 의해 해결된 것을 깨닫기만 하면 구원받는다고 설교한다. 그런데 나는 사랑의교회에서 '아담이 죄인이 아니라 바로 내가 죄인'이라는 것을 알게 되었다"라고 말하며, "구원파를 비롯해 몰몬교, 여호와의 증인과 같은 이단들의 중생, 구원, 기도, 교회와 같은 성서적인 용어를 사도적 권위를 계승한 정통교회와 다른 의미로 사용한다"며 기독교복음침례회의 위험성을 경고한다.

Ⅱ 이요한의 생명의말씀선교회

생명의말씀선교회는 유병언의 사업을 반대하던 이요한과 그의 추종자들이 기독교복음침례회를 탈퇴하고 세운 단체다. 교리는 기독교복음침례회와 맥을 같이한다. 단회적인 회개만 주장하고 극단적인 세대주의 종말론을 가지고 있다. 기독교복음침례회가 부침을 겪었던 것에 비해 꾸준히 교세를 넓혀갔고, 현재는 국내외에 수백 개의 지교회가 포진해 있다. 타 구원파에 비해서는 교리가 정비되어 있고, 성장속도도 빨라서 경계의 목소리가 커지고 있는 추세다.

1 이요한

이요한(본명 이복칠)은 중학교 졸업 후 한국전쟁 기간 중 대구임시신학교에서 기독교복음침례회 창시자 권신찬에게 잠시 지도받은 것이 교육배경의 전부로 알려진다. 1962년 '중생'을 경험한 후, 구원파 초창기인 1960년대 중반부터 전남 목포에서 권신찬과 함께 활동하다가 1970년 12월부터 "평신도복음전도회"를 통해 기성교회를 비판하며 시한부 종말론 등을 내세웠다. 이요한은 1971년 권신찬에게 목사안수를 받았다.

생명의말씀선교회의 시작은 이요한이 기독교복음침례회에서 분리되면서부터라고 볼 수 있다. 1974년 말, 기독교복음침례회는 권신찬의 사위 유병언의 주도 하에 부도 위기에 놓인 삼우트레이딩을 매입해 신도들의 헌금으로 기업을 확장

서울중앙교회 이요한
(출처: 서울중앙교회 홈페이지)

경기도 안양시에 위치한 서울중앙교회

하기 시작했다. 1983년 유병언이 "사업이 천국 일"이라며 교회 헌금을 사업에 전용하자 이요한은 "교회와 사업은 분리돼야 한다"는 성명을 내고 이를 반대했다. 이에 유병언 측으로부터 집단 폭행을 당한 이요한은 5000여 명의 신도들과 이탈해 소위 복음수호파로 분파했다.

 1983년 분파된 이요한의 복음수호파는 서울 용산 삼각지에서 서울 방배동으로 옮겨 대한예수교침례회를 설립하고 서울교회라는 이름으로 활동했다. 1994년 경기도 안양 인덕원의 1000평 대지에 교회를 신축하고 서울중앙교회로 개칭했다. 현재는 생명의말씀선교회라는 명칭으로도 활동한다.

2 생명의말씀선교회 주장

이요한의 주장은 그의 저서 『너는 어디로서냐』, 『모든 해답은 성경에 있다Ⅰ』, 『모든 해답은 성경에 있다Ⅱ』, 『영생으로 가는 길』 등을 통해 알 수 있다. 이요한의 주장에 대한 차정식 교수(한일장신대학교 신학부)의 비판을 들어보자.

1) 구원

▶ "깨달음"을 통한 구원

"어느 날 참으로 복음을 깨닫고 거듭나서 성령으로, 하나님의 생명으로 이루어진 믿음인지 스스로 확증해 보아야 한다"(p.19), "그러나 복음을 깨닫지 못한 사람은 주님이 모르신다고 하실 것이다"(p.22), "지금 이 글을 읽고 있는 당신은 복음을 깨달음으로 확실히 거듭난 경험이 있습니까?"(p.36) (『너는 어디로서냐』, 진리의말씀출판사, 1994)

『너는 어디로서냐』

> "신약시대에는 복음을 듣고 깨달을 때 성령이 들어오신다."(p.133)
> (『모든 해답은 성경에 있다 I 』, 생명의말씀선교회, 2004)

▶ 비판

깨달음은 그 자체로 좋은 것이다. 다만 어떤 종류와 내용의 깨달음이냐가 문제다. 그리고 우리의 '이해' 채널은 다채롭고 역동적이다. 하나님이 그렇게 풍성한 인식과 각성의 잠재력을 우리에게 주신 것이다. 우리는 복음의 말씀을 듣고, 배우고, 묵상하고, 검증하는 과정에서 질문이 생기기도 하고 깨닫기도 하며 감동과 함께 결단에 이르기도 한다. 성령은 우리의 죄를 회개하고 예수 그리스도를 주님으로 고백할 때 사죄의 은총과 함께 임하신다. 성령의 인도하심 가운데 복음의 진리를 향한 우리의 앎과 믿음은 우리의 깨달음을 한층 더 심화시킨다. '깨달음'이란 단어의 피상적 의미를 깨달은 게 아니라면 깨달음으로 무엇을 하는지, 성령의 풍성한 열매를 맺으며 사는지 그 깨달음의 동기와 과정, 나아가 그 종국적 결실을 물어야 한다. 도통한 듯한 포즈로 깨달음을 자꾸 강변하며 선전하는 자 치고 깨달음과 친한 경우를 찾아보기 힘들다. 연단이 배제된 상태의 깨달음 지상주의는 조숙이 아니라 조로이다.

▶▶ 구원받은 일시가 있다

"구원은 영혼이 거듭나는 날도 확실히 있다. 자신이 언제 거듭났는지 모를 수가 없다. 자신이 구원을 받았는지 받지 않았는지 알지 못한다면 그것은 구원을 받지 못한 것이라고 할 수 있다."(pp.124~125) (『모든 해답은 성경에 있다 Ⅰ』, 생명의말씀선교회, 2004)

『모든 해답은 성경에 있다 Ⅰ』

▶ 비판

　자기가 하나님의 특별한 은혜를 체험하면서 구원의 확신이 팍 꽂힌 날과 시간이 있다면 기억하여 감사할 일이다. 그러나 그러한 주관적 경험을 과장하고 선동적으로 부르대며 교리화하지는 말아야 할 일이다. 누구나 자기가 만난 하나님의 특별한 면면을 기억할 자유가 있고, 그것을 토대로 신앙적 확신을 강화할 필요야 있겠지만, 그것과 다른 차원의 신앙 색깔로 사는 사람을 구원받지 못했다고 정죄하지 말아야 한다. 그렇게 정죄하는 구원파는 그 구원받은 일시를 떠벌이며 다수의 교회를 정죄하다가 그 정죄로써 심판을 받게 될 것이다. 특정 시점에 매달리며 자신의 구원에 대한 '확신'에 지나치게 안달복달하는 자들의 심리 저변에는 너무나도 불안한 불신의 뿌리가 도사리고 있다. 신앙과 확신은 호들갑스럽게 안달하는 게 아니라 고요한 중에 든든하고 담담한 것이다.

▶▶ 구원에는 세 단계가 있다

"구원은 하나이지만 구원에는 세 단계의 과정이 있다. 탄생하는 과정, 성장하는 과정, 성숙하는 과정이며 이를 영혼 구원, 생활 구원, 몸의 구원이라 한다."

영혼 구원 "이 구원은 평생에 단 한 번 복음을 깨달음으로 말미암아 영혼 속에 이루어지는 것이다. 구원받은 사람은 그 순간을 알 수 있다."

생활 구원 "이 구원은 성령께 항상 복종함으로 이루는 것이다. 그런데 어떤 사람들은 이 말씀을 가지고 여기 '항상 복종하여 두렵고 떨림으로 너희 구원을 이루라'고 했으니 구원받았다고 말하는 것은 옳지 않다고 주장하는데 이는 틀린 말이다. 에베소서 2장 8절에 있는 구원은 믿음으로 받는 구원이어서 믿어진 사람은 이미 구원을 받았다고 말씀하고 있다. 빌립보서 2장 12절에 있는 이 말씀은 믿음으로 받는 것이 아니고 항상 복종함으로 이루어 가는 것이다."

몸의 구원 "성령의 처음 익은 열매란 구원받은 사람을 가리킨다. 처음 익은 열매는 주님의 생명이다. 그것을 받은 우리까지도 육신이 있기 때문에 탄식한다. 그래서 양자될 것 곧 우리 몸의 구속을 기다리는 것이다. 구원을 받은 사람은 그리스도인으로서 합당히 생활하다가 주님을 만나야 한다. 구원을 받은 사람에게 있어서 몸의 구원은 주님의 재림하실 때 하나님의 능력으로 이루어지는 것이다."(p. 95, 97, 102) (『너는 어디로서냐』, 진리의말씀출판사, 1994)

▶ 비판

성경이 우리에게 가르치는 구원은 기계론적 단계가 아니라 전인적 구원이다. 인간은 통전적으로 존재하는 것이지 영 따로, 몸 따로, 생활 따로 노는 게 아니다. 구원은 온전한 하나님의 선물로 우리에게 베풀어지는 것으로 우리는 그것을 다만 믿음으로 받을 뿐이다. 그래서 그것은 예수 그리스도의 십자가 사건과 함께 '이미' 이루어진 완결태이지만, 동시에 우리 지상적 삶의 종말을 향하여 '아직' 이루어나가야 할 미완의 목표이기도 하다. 화끈하게 갈리지 않는 이런 기묘한 역설 속에 성서적 구원의 진리는 빛을 발한다. 그런데, 어디 우리 인생사와 인간의 욕망, 자연의 조화 등이 한두 가지의 화끈한 명제로 그 속내가 그리 시원하게 파악되던가. 하물며 하나님의 섭리에 따른 구원의 문제에 있어서랴.

▶▶ **세례와 구원의 관계**

> "세례는 오직 구원의 확신이 있는 사람만이 받을 수 있고, 구원을 받은 사람이라면 반드시 받아야 하는 것이다."(p.134) (『모든 해답은 성경에 있다Ⅰ』, 생명의말씀선교회, 2004)

▶ **비판**

세례는 그 구약적 모형으로부터 세례자 요한의 세례, 예수님의 세례, 초기교회의 세례에 이르기까지 역사적 발전 과정이 있다. 세례의 신학 역시 특정 관점에 따라 강조점이 다양하고 역동적이다. 한 가지 분명하고 공통된 것은, 물세례든 성령세례든 세례는 우리의 구원을 인증하고 신앙공동체의 일원으로 입교하는 통과절차라는 것이다. 물론 구원의 확신이 있으면 좋겠지만, 그 확신이란 것을 너무 기계적으로 못 박아 구원받은 연월일까지 요구하는 것은 분명 무리다. 차라리 그 확신을 강화하는 계기로서 세례의 영적 효용성이 있으리라 판단된다.

2) 사도신경 비판

"사도신경에는 다음과 같은 몇 가지 부적절한 내용이 있습니다. 먼저 '본디오 빌라도에게 고난을 받으사' 라는 구절이 있는데, 비록 빌라도는 예수님을 죽음에 내어준 인물이지만 그는 할 수만 있으면 예수님을 놓아주려고 애쓴 사람입니다. 예수님을 십자가에 처형시켰던 사람들은 다름 아닌 하나님의 선민 유대인들이었습니다. 대제사장, 율법사, 바리새인들은 틈만 나면 기회를 노

『모든 해답은 성경에 있다 II』

려 예수님을 없애고자 했고 결국 빌라도를 통하여 그들의 목적을 달성하였던 것입니다. 예수님은 빌라도 치하에서 죽임당하셨지만 결국 우리를 위해 고난을 받으신 것이므로 '빌라도에게 고난을 받으사' 라는 표현은 부적절하다는 것을 알 수 있습니다. 또한 사도신경을 영어로 번역해 놓은 것에 보면 '예수님이 지옥에 내려가셨다(He descended into hell)' 는 내용이 있습니다. 우리말로 번역할 때 이 내용은 성경과 맞지 않기 때문에 빼놓았습니다. 예수님은 무덤에 장사되시고 부활하는 3일 동안에 지옥에 있다가 오셨다는 말이니 이것은 성경과 부합되지 않습니다. 어떤 사람들은 억지로 베드로전서 3장에 예수님이 영으로 옥에 있는 영들에게 전파하신 것을 사도신경이 이 말과 연결시키는데, 베드로전서 3장 말씀은 예수님이 지옥에 가신 것을 말하는 것이 아닙니다. 또 한 가지는 '거룩한 공회' 라는 표현입니다. 영어로는 'The Holy Catholic Church' 로 되어있습니다. 두 표현 다 적절하지 못합니다. 어떤 사람들은 'Catholic' 이라는 말이 'Universal(보편적인)' 이라는 뜻으로도 쓰이기 때문에 이것은 보편적인 교회, 우주적인 교회를 믿는다는 신앙고백이라고 말하기도 하지만, 사도신경이 쓰여 지고 형

> 성될 당시의 정황을 고려한다면 이 말은 가톨릭교회를 가리키는 말인 것이 분명합니다. 그렇기 때문에 우리나라에서는 '거룩한 공회'라고 바꾼 것입니다. 그러나 거룩한 공회를 믿는다는 말도 합당한 표현이 못됨을 알 수 있습니다. 성경에 나오는 공회(산헤드린)는 예수님을 죽이는데 앞장을 섰고 또 역사 속에서도 공회는 성경과 배치되는 결정도 여러 번 해 온 것이 사실입니다. 그렇기 때문에 '거룩한 공회'를 믿는다는 표현도 부적절한 것입니다. 이처럼 사도신경은 성경에 들어있는 내용도 아니고, 사도들이 기록한 것도 아니고, 그 내용 속에 성경과 틀린 내용도 있으며, 또 그것을 예배의식에 사용하라고 말할 근거도 없습니다. 그런데도 오늘날 많은 교회가 집회 시에 이것을 고백하고 있으며, 또 사도신경을 외우지 않는 교회를 이단이라고 정죄합니다. 그러나 성경과 다른 내용을 포함하고 있는 사도신경을 강요하거나 그것을 예배에 사용하지 않는다고 이단이라고 정죄하는 것은 잘못된 것입니다."
> (pp.100~101) (『모든 해답은 성경에 있다Ⅱ』, 생명의말씀선교회, 2004)

▶ 비판

사도신경이 고대교회의 신앙고백을 응집해놓은 역사적 결과라는 진술은 그르지 않다. 또 그것이 오늘날 역사 경험과 시대 인식에 비추어 재해석되고 재맥락화되면서 새로운 신앙고백을 창출하는 것도 격려할 만하다. 그러나 정치꾼 빌라도에게 예수님이 고난 받은 것은 사실이다. 정치꾼의 책략은 예나 지금이나 변함없이 자신을 근사하게 보이고자 여러 포장술을 동원하여 애쓰면서도 이해가 민감한 부분은 다 챙긴다는 것이다. 당시 그는 예수와 이해관계가 얽힌 부류의 사람들을 교묘하게 조종하면서 군중들의 폭동 위기를 제압하려는 목적과 정치인답게 관대하게 보이려는 제스처를 병행하였다. 비록 후대에 그 관대한 제스처에 초점을 맞추어 빌라도를 크리스천으로 각색한 자료가 나오기도 했지만, 성서 바깥의 역사자료를 몇 가지라도 참조하면 그가 얼마나 교활하고 잔인한 정치꾼이었는지 이해할 수 있다. '예수님이 옥에 내려가셨다'는 사도신경의 구절과 베드로전서 3장의 관련 구절은 매우 난해한 주석적, 교리적 관점이 착종되어 있기에 한두 마디 변설로 진리주장을 하기가 어설픈 대목이다. 거룩한 공회를 가톨릭교회로 간주하여 오늘날 우리와 무관한 양 여기는 시각은 피상적이고 반지성적이다. 당시 교회는 가톨릭과 동방정교, 개신교 등이 분할되기 이전의 단일한 공교회 체제였고, 분열 이후에도 그것은 고유명사로서의 가톨릭교회에 국한된 것이라기보다 성경에 근거한 사도적 전통과 공변된 공교회의 전통을 이어받는 모든 교회에 해당되기 때문이다. '역사'와 '맥락'과 '해석'을 배제한 때려 맞추기 식 이해로는 사도신경이 부실하고 비정통적으로 비칠 수 있지만, 그것은 고대교회가 우리에게 물려준 소중한 신앙 유산임에 틀림없다.

3) 제도 비판
▶ 교파

> "지금 기독교에는 수백종류의 교파가 있을 것입니다. 그 중에서 어떤 교파가 제일 좋다고 말할 수 없으며 어느 교파에 속한다는 것은 아무 의미가 없습니다."(p.58) (『모든 해답은 성경에 있다 II』, 생명의말씀선교회, 2004)

▶ 비판

 개신교의 어지러운 교파 분열은 분명 반성할 점이 많은 교회사의 그늘이다. 교파별로 교리적 강조점과 특징이 있고, 나름대로 장단점이 있을 것이다. 그러므로 교단과 교파에 속한 이들의 자긍심은 존중받아야 하지만, 우열논쟁으로 다른 교파를 비난하는 것은 온당치 않다. 그러나 그렇다고 해서 수천 년간 검증하고 전승해온 신학 전통과 교리적 토대에 버성기며 삿된 술수로 이단사설을 유포하고 혹세무민하는 사교집단을 그런 교파의 일부로 공대해달라는 요청은 가당치 않다. 생명을 옭아매고 인간의 존엄한 가치를 기계장치의 얄팍한 체계 속에 속박하려는 꼼수는 그리 거창한 분석을 하지 않아도 상식의 채널에 걸리는 스캔들이 되기 때문이다. 하나님이 계시한 복음의 진리는 초상식적인 부분이 없지 않으나 많은 경우 상식의 수준에서 드러나고 전혀 비상식적이지 않다.

▶▶ 여자 목사 제도

> "현대에 이르러 여권 신장이라는 명목 하에 여자 목회자까지 생겨났으나 성경적으로 분명히 잘못된 것입니다. 더 큰 문제는 이러한 일들이 '주를 위하여'라는 명목으로 일어난다는 데 있습니다."
> (p.113) (『모든 해답은 성경에 있다 II』, 생명의말씀선교회, 2004)

▶ 비판

 성경은 오늘날과 같이 정교하게 체계화된 목사안수 제도를 담고 있지 않다. '성경적으로'는 이현령비현령 식으로 제 취향에 복무하도록 가져다 붙이는 구호가 아니다. 목사직은 여타의 다른 직분들과 마찬가지로 하나님이 베푸신 일종의 은사(charisma)이다. 그 은사에 따라 하나님은 남성과 여성, 노예와 자유인, 유대인과 이방인을 차별 없이 하나님 나라로 부르셨고 다양한 사명을 주셨다. 드보라 같은 여성은 당시 가부장주의의 사회에서도 파격적으로 사사로 부르심을 받아 주를 위하여 일하였고, 신약시대에도 예수님과 사도 바울 주변에는 막달라 마리아, 루디아, 뵈뵈 등등 수많은 여성 동역자들이 하나님 나라 선교에 나름의 리더십을 가지고 헌신했다. 위와 같은 주장은 여성들이 하나님의 존엄한 창조 생명이라는 사실을 망각한 반신학적이고 반인권적인 입장을 대변할 뿐 아니라 주를 위하여 일어난 그들의 헌신을 폄하하는 반역사적인 발상이 아닐 수 없다.

3 생명의말씀선교회 활동

신도들에게 천재지변, 이상기후, 지진, 전쟁 등의 사례를 들어 급박한 종말관을 형성하며 결정적인 교리를 주장할 때 "영적인 해석 방법"을 도입한다. 생명의말씀선교회는 기성교회에서 행하는 예배의식과 십일조와 기타 헌금들, 기도생활과 예배 행위도 율법적이라고 비판한다. 예배는 일정한 형식 없이 집회식 성경공부로 1시간 30분 정도 진행된다. 또 매년 성경강연회, 수양회 등을 통해 교리를 전파하고 있다. 인터넷 홈페이지 생명의말씀선교회를 운영하고 출판사 영생의말씀사를 통해 월간지 「생명의 빛」을 발행한다.

서울중앙교회 교육원

1) 생명의말씀선교회 (www.jbch.org)

생명의말씀선교회는 "하나님의 살아계심을 증거하고 죄로 말미암아 고통 받는 사람들에게 복음을 전하며 올바른 성경적인 이해를 돕는다"는 명목으로 이요한 측에서 만든 인터넷 홈페이지이다. 생명의말씀선교회는 이요한 측의 국내외 교회 소식과 성경강연회 일정을 공개하고 있다. 생명의말씀선교회 목사들의 설교 동영상과 MP3 파일을 제공하고 있어 사이트를 방문한 사람이라면 누구나 설교를 들을 수 있다. 또 영어, 스페인어, 프랑스어, 러시아어, 중국어, 일본어, 몽골어, 필리핀어, 독일어, 포르투갈어, 네팔어 등 11개국 언어로 번역된 사이트 소개와 통역된 설교 동영상을 제공한다.

생명의말씀선교회 홈페이지

2) 영생의말씀사 (www.elpress.jbch.org)

영생의말씀사는 생명의말씀선교회에 소속된 출판사로 전도용 소책자와 신앙서적을 발행한다. 영생의말씀사의 잡지 「생명의 빛」은 매년 홀수 달에 발행되는 격월간지로 신도들의 간증, 교회 및 선교 소식, 성경연구 등을 게재한다. 그러나 영생의말씀사에서 출간하는 신앙서적은 회원가입 후에만 구입할 수 있으며, 회원가입은 생명의말씀선교회 신도가 아니면 가입되지 않아, 사실상 일반인들의 구입은 어렵다.

4 생명의말씀선교회의 포교방법

"사람이 마음으로 믿어 의에 이르고 입으로 시인하여 구원에 이르느니라"(롬10:10), "누구든지 주의 이름을 부르는 자는 구원을 얻으리라"(롬10:12). 전도할 때나 신앙생활의 갈등을 느꼈을 때, 정통교회 성도들은 이 말씀을 통해 많은 은혜를 받고 새 힘을 얻곤 한다. 그런데 생명의말씀선교회는 이러한 영접식 구원으로는 구원을 받지 못한다고 주장한다. 이들은 예수님이 "내가 너희를 도무지 알지 못하니 불법을 행하는 자들아 내게서 떠나가라"(마7:23)고 했다면서 기성교회 목회자와 교회를 비판한다.

구원을 강조하는 것은 구원파의 특징 중 하나다. 생

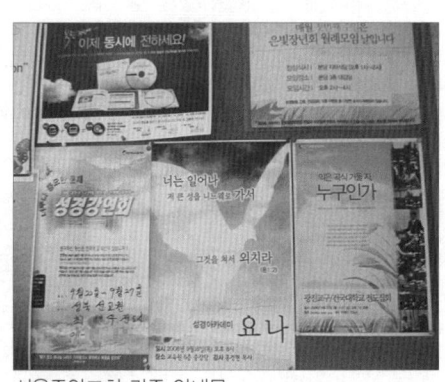
서울중앙교회 각종 안내문

명의말씀선교회는 "구원받은 외적 증거를 제시해 보라"며 포교대상자에게 접근한다. 만일 "구원받았다"고 하면 "구원의 확신이 있느냐"고 질문하고, "그렇다"고 대답하면, "구원받은 증거를 성경장절로 대보라"고 한다. 이쯤하면 대개 난색을 표한다. 말씀은 알아도 몇 장 몇 절까지 댈 수 있을 만큼 훈련을 받은 사람은 많지 않기 때문이다. 대상자가 난감해하는 반응을 보이면, "아직 구원받지 못한 증거"라며 "죄의 문제에 대해 자유한가?"를 계속 묻는다. 예수님의 십자가 사역이 "과거, 현재, 미래의 모든 죄를 용서하셨는데 왜 죄에 대해 두려워하느냐"고 죄의식을 자극한다. "자신이 죄인이기 때문"이라고 대답하면, "아직 구원받지 못한 증거"라고 말한다. 이어서 "덮어놓고 믿어서 그렇다"며, 소위 "깨달음을 통한 구원"에 대해 설파하기 시작한다. 대부분의 사람들은 듣다 보면 맞는 것 같고 맞는다는 생각이 들면, 이들의 말에 흔들리게 된다.

1) '신앙상담'을 통한 포교

생명의말씀선교회는 이요한의 저서 뿐 아니라 '신앙상담', '성경강연회' 등을 열어 교리를 설명한다. 다음은 「현대종교」 기자와 생명의말씀선교회 관계자의 '신앙상담' 내용을 깨달음을 통한 구원, 기성교회 비판, 단회적 회개만 참된 회심, 예배형식 부정이란 주제로 나눠 정리한 것이다.

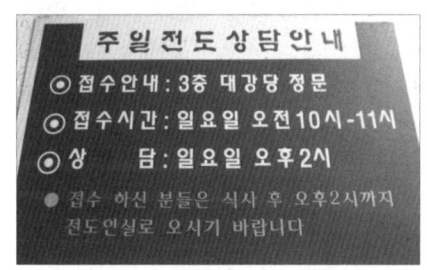

서울중앙교회의 '주일 전도 상담안내'

▶ 깨달음을 통한 구원

기 자 서울중앙교회는 "깨달음이 있어야 구원을 받을 수 있다"고 주장한다던데, 기성교회는 전도할 때 "사람이 마음으로 믿어 의에 이르고 입으로 시인하여 구원에 이른다"(롬10:10)는 말씀을 토대로 영접 기도를 한다.

관계자 영접식 구원은 1900년대 이후 널리 퍼진 미국식 복음이다. 단순히 입으로 시인해서 구원받는 것이 아니다.

기 자 구원의 핵심이 예수 그리스도의 십자가 사건이고, 교회는 "주는 그리스도시요 살아계신 하나님의 아들이시니이다"(마16:16)라는 베드로의 신앙고백으로부터 시작됐다. 기성교회가 복음에 대해 가르치지 않는다고 생각하는가?

관계자 기성교회는 복음에 대한 답만 가르쳐줄 뿐 풀이과정을 가르치진 않는다. "영생은 곧 유일하신 참 하나님과 그의 보내신 자 예수 그리스도를 아는 것이니"(요17:3). 성경 말씀을 깨달아야 구원을 받을 수 있다. 덮어놓고 믿지 말고 성경말씀으로 확신하라. 목사, 장로, 권사라고 다 구원받는 것이 아니다. "나더러 주여 주여 하는 자마다 천국에 다 들어갈 것이 아니요"(마7:21), "그날에 많은 사람이 나더러 주여 주여 우리가 주의 이름으로 선지자 노릇하며 주의 이름으로 귀신을 쫓아내며 주의 이름으로 많은 권능을 행치 아니하였나이까"(마7:22), 예수님은 "내가 너희를 도무지 알지 못하니 불법을 행하는 자들아 내게서 떠나가라"(마7:23)고 하셨다. 구원받지 못한 사람이 어떻게 다른 사람을 구원으로 인도하겠는가? 소경이 소경을 인도하는 꼴이 된다.

▶ **기성교회 비판**

기 자 기성교회에 구원이 없다는 말인가?

관계자 그만큼 구원받는 것이 희박하다는 얘기다.

기 자 그러면 서울중앙교회 목회자들과 신도들은 구원을 받았다고 생각하는가?

관계자 몇 퍼센트가 구원 받았는가하는 숫자적인 개념이 중요하진 않겠지만 90%는 구원 받았다고 확신한다.

기 자 기성교회는 몇 퍼센트 정도 구원 받았다고 생각하는가?

관계자 약 10%. 그것도 많은 것이다.

기 자 구원받은 사람과 구원받지 못한 사람을 구별할 수 있는 것처럼 말한다.

관계자 구별할 수 있다. 또 구원받은 사람이 읽을 책과 구원받기 전에 읽을 책이 따로 있다. 교회 서적부에서 몇 권의 책을 골라주겠다.

기 자 선민의식, 우월의식을 갖고 마치 서울중앙교회만 구원이 있다는 소리로 들린다. 그렇게 말하는 근거가 어디 있는가?

관계자 사람들은 대부분 '어느 교단', '어느 파', '우리 목사님이', '내 생각에는'이라고 말한다. 그런 내용이 성경 어디에 있는가? 성경의 장, 절을 찾아보라. 그런 것으로 구원받는 것이 아니다. 오직 성경에 기록된 내용을 깨닫고 알아야 구원을 받을 수 있다.

기 자 성경의 장, 절을 대라고 했는데, 신생아나 초등학교 저학년들은 성경을 이해하거나 찾는 것도 어렵다. 그러면 그들도 깨닫지 못해 구원받지 못한다고 할 수 있는가?

관계자 우리교회 아이들은 성경의 장, 절을 잘 찾는다. 잘 가르치고 있다. 당연히 구원받았다고 말할 수 있다.

▶ **단회적 회개만 참된 회심**

기 자 육적인 생일(태어난 날), 영적인 생일(영적으로 거듭난 날)이 따로 있다고 하는데, 구원받은 날을 알아야 하는가?

관계자 꼭 구원받은 날을 알아야 되는 것이 아니다. 모르는 사람도 있다. 참된 회심은 일생에 단 한 번 있는 것이다. 그 구원 받았다는 감격 때문에 그날을 기억하고 있을 뿐이다. 성경은 "보라 지금은 은혜 받을 만한 때요 보라 지금은 구원의 날이로다"(고후6:2), "이 복음이 이미 너희에게 이르매 너희가 듣고 참으로 하나님의 은혜를 깨달은 날부터 너희 중에서와 같이 또한 온 천하에서도 열매를 맺어 자라는도다"(골1:6)라고 말하고 있다. 하나님의 은혜를 깨달은 날이 구원의 날이며, 거듭남을 체험했다고 말할 수 있다.

기 자 구원의 감격을 체험하고 회개하고 통회하는 일들은 신앙생활을 하면서 계속적으로 있었다. 그래도 구원을 못 받은 것인가?

관계자 감정적인 회개는 구원이 아니다.

기 자 예수님께서 십자가에서 죽으신 것은 원죄에 대한 속죄였고, 이후에 사람들이 짓는 자범죄 때문에 성화(聖化)적 개념으로 회개를 한다.

관계자 "오직 자기 피로 영원한 속죄를 이루사 단번에 성소에 들어가셨다"(히9:12) 또 "오직 그리스도는 죄를 위하여 한 영원한 제사를 드리시고 하나님 우편에 앉으사"(히10:12), "저희 죄와 불법을 내가 다시 기억지 아니하리라"(히10:12)고 하셨다. 회개는 일생에 단 한 번만 하면 된다. 이후에는 자백만 하면 되는 것이다. 그렇기 때문에 다시 회개할 필요가 없다.

기 자 온전히 의인이 되었다면서 자백을 하는가? 죄를 짓는다면 어떻게 온전한 의인이 될 수 있는가?

관계자 거듭난 자들은 예수를 믿음으로 이미 모든 죄사함을 받았다. 구원은 영혼 구원, 생활 구원, 몸의 구원 이렇게 3단계가 있다. 한 번의 회개로 영혼 구원이 이루어진다. 구원받은 증거가 삶에서 열매로 나타나는데, 그것이 생활 구원이다. 육체는 아직 그 죄성이 남아 있다. 하지만 성령이 죄를 짓지 못하도록 하신다. 죄를 짓더라도 시인하고 자백하면 용서함을 받게 되는 것이다.

▶ 예배형식 부정

기 자 예배 때 사도신경과 주기도문을 하지 않는다던데 사실인가?

관계자 기성교회는 미국식 예배를 드린다. 형식을 갖춘 예배는 또 하나의 율법이다. 사도신경의 핵심적인 교리에 대해 지적인 동의만 하는 것이 구원받은 것이 아니다. 주기도문도 예수님께서 기도하는 방법을 가르쳐 주신 것일 뿐 외우라고 주신 것이 아니다. "기도할 때 이방인 같이 중언부언 하지 말라"(마7:6)고 했다.

기 자 주기도문을 외우는 것이 중언부언하는 것이라는 말인가?

관계자 그렇다.

기 자 서울중앙교회가 새벽기도, 철야기도(심야기도), 합심기도, 대표기도 등을 하지 않는 것도 같은 맥락인가?

관계자 성경 어디에 새벽기도, 철야기도 하라고 돼 있는가? 우리나라에만 있을 뿐 외국에는 없다. 성경에는 "기도할 때 골방에 들어가서 하라"(마6:5)고 했다. 새벽기도, 철야기도, 기도원을 가는 것은 사람들에게 보이려고 하는 것이다. 또 "이른 아침에 큰소리로 그 이웃을 축복하면 도리어 저주같이 여기게 되리라"(잠27:14)고 돼있다.

기 자 십일조에 대해서는 어떠한가?

관계자 드리는 것이 문제가 되겠는가? 다만 구원받지 못한 사람이 십일조를 드리는 것은 아무 의미가 없다. 서울대생이 합격한다고 해서 다 서울대생이 되는 것이 아니다. 등록을 해야 서울대생이 되는 것이다.

기 자 해마다 몇 차례씩 성경강연회를 하던데, 새신자를 위한 것인가, 아니면 신도들을 위한 것인가?

관계자 새로운 사람이 많이 듣는다. 구원받은 사람들이 함께 하면 그들도 좋은 영향을 받게 된다. 기존 성도들은 섬김의 모양으로 참여한다. 백번도 넘게 들은 사람도 있다. 들을수록 새로운 내용들을 깨닫게 되고, 은혜가 된다고 말한다. "베뢰아 사람은 데살로니가에 있는 사람보다 더 신사적이어서 간절한 마음으로 말씀을 받고 이것이 그러한가하여 날마다 성경을 상고하므로"(행17:11) 구원 받은 이후에 날마다 성경을 상고해야 한다.

2) 성경강연회(구원을 위한 프로그램)를 통한 포교

「현대종교」 기자는 "기성교회는 구원이 없고, 자신들에게만 구원이 있다", "구원받은 사람과 받지 못한 사람을 구별할 수 있다", "읽는 책도 따로 있다"고 주장하는 서울중앙교회를 찾아 성경강연회를 참석했다. 교육은 2006년 8월 30일부터 9월 1일까지 서울중앙교회 본관건물 왼쪽 청년회관에서 "서○○ 목사의 성경강연회"를 중심으로 진행됐다. 출입문은 번호장치가 돼있어 외부인의 출입을 제한하는 듯 보였다. 교육을 받는 동안 서울중앙교회 신도 두 명이 항상 기자에게 붙어 있었고, 그 외 몇 명이 수시로 기자를 감시하는 듯 다녀갔다. 또 내용을 적어 교회를 나가서 비판하는 사람이 있다며 필기하는 것도 제한했다. 영상은 편당 2시간 30분 정도로, 총 6일 분량으로 구성됐다. '6일'은 천지를 창조하신 하나님의 사역을 의미하며, 특히 마지막 여섯째 날에 구원받은 사람이 많다는 것을 강조했다. 매 과정마다 성경을 찾아보며 확인하도록 했다.

서울중앙교회 청년회관

▶▶ 첫째 날

천지를 창조하신 하나님은 존재하는가?

"사람은 어디에서 와서 무엇 때문에 살며 어디로 가는가?"가 인생 최대의 문제라고 한다. 성경은 어떻게 기록하고 있으며, 어떻게 기록되었는지를 배우게 된다. 이 과정에서 창조주로서의 하나님의 존재(히11:6)에 대해 알게 된다.

▶▶ 둘째 날

창세기의 내용은 신화인가, 사실인가?

창세기에 기록된 에덴동산의 위치, 네 개 강의 기원, 노아의 홍수사건을 고고학적 연구와 역사적으로 규명을 토대로 이야기한다. "성경은 사실이며 일점일획까지도 성령에 의해 영감된 완전한 하나님의 말씀이다"를 강조한다. 예를 들어, 창세기 10장 25절의 "벨렉의 때"에 세상이 나뉘었음을 말하며, 원시지구는 하나의 판형(판게아)으로 되어 있다가 화산폭발로 인한 지진에 의해 대륙이 이동해 지금과 같은 모양을 이뤘다는 과학적인 근거를 제시하며 성경이 역사적 사실임을 증명한다.

▶▶ 셋째 날

이스라엘에 대한 예언과 성취 모세의 출애굽사건 등 이스라엘 전반적인 역사를 다루며 하나님의 증인으로서의 이스라엘을 소개한다. 이스라엘의 환난 및 회복을 통해 하나님의 거룩하고 공의로운 속성을 나타낸다.

▶▶ 넷째 날

성경에 나타난 인류역사의 현대적 이해와 마지막 시대의 징조에 대해 이야기하며, 하나님 앞에 죄인으로서의 자신의 실체를 알게 되는 과정이다. 생명의말씀선교회는 세대주의적 종말론의 견해를 토대로, 성경 일부를 영해(靈解, 우화적 해석)하여 "우리시대 종말이 온다"는 식의 임박한 종말론을 강조한다. 이런 내용들은 듣는 사람의 위기의식과 두려움을 자극해 회개를 촉구한다. 극단적인 종말론 교리뿐만 아니라 기존 교회를 원색적으로 비난한다. 기성교회에서는 구원을 받을 수 없다는 식의 뉘앙스를 부각시켜 자신들의 교리를 주입하고 동시에 우월감을 갖게 한다.

▶▶ 다섯째 날

인생, 죄, 인간의 타락, 죄와 율법, 지옥의 운명, 심판의 절대성과 당연성 등을 배우게 된다. 사람들은 보편적으로 죽은 이후에 심판이 있기 때문에 죽음 앞에 극단적인 공포감을 느끼게 된다. 작은 죄도 하나님이 보기에는 심각한 죄다. 하나님을 알게 되면, 사람은 하나님 앞에서 죄를 깨닫게 된다. 생명의말씀선교회 "하나님은 빛이시고, 의로우시며, 거룩하시고, 진리이며 영생하신다. 반면 사람은 어두움과 정욕, 더러움, 거짓, 육에 속하고 결국에는 사망에 이른다"는 이원론적인 사고를 중심으로 죄 문제의 심각성을 설명한다.

▶▶ 여섯째 날

구원에 대하여 "대부분의 사람들이 구원받는다"며 여섯째 날을 강조한다. 예수 그리스도와 하나님의 사랑으로써의 속성에 대한 내용이 소개된다. 특히 멜 깁슨 감독의 〈그리스도의 수난〉 중 예수님이 몸 찢겨 피 흘리시는 절정 부분을 보여주어 감성을 자극한다. 이때 자복하고 통회할 만한 반응을 보이면 이를 "거듭남을 체험했다"고 주장한다. 이런 개인적인 체험들이 하나님의 은혜를 체험한 날, 구원받은 날(거듭남), 이들의 영적 생일이 되는 것이다. 신도들은 구원받은 날을 꼭 알아야 되는 것은 아니지만, 구원받은 감격적인 날이기 때문에 기억한다고 말한다.

▶▶ 일곱째 날

구원받은 사람은 어떻게 살아야 하는가?

구원받은 후의 신앙생활에 대한 내용이다. '구원받은 사람도 죄를 지을 수 있을까?', '구원받은 사람이 죄를 지으면 어떻게 될까?', '죄를 짓지 않고 생활하는 방법이 있을까?' 등 거듭난 이후 온전한 신앙생활을 하기 위한 "생활 구원"에 대한 강연을 듣게 된다.

3) 스마트폰을 이용한 포교

생명의말씀선교회는 디지털 시대에 맞춰 스마트폰 어플리케이션을 제작하여 포교하고 있다. 인터넷 홈페이지는 "스마트폰으로 전도할 수 있는 세상이 되었습니다"라며 어플 개발의 목적을 밝혔다. 어플리케이

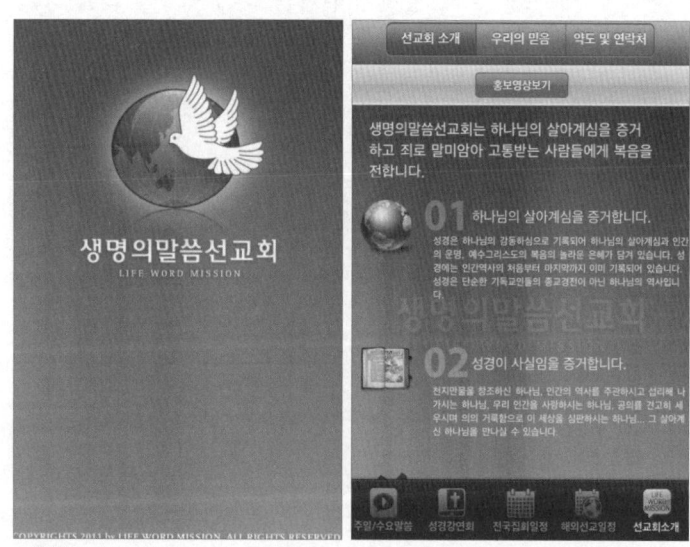

생명의말씀선교회 어플리케이션 화면

션은 "하나님의 살아계심을 증거하고 죄로 말미암아 고통받는 사람들에게 복음을 전합니다"라고 생명의말씀선교회를 소개하고 있다. 그리고 "전도와 신앙생활에 어려움을 겪고 계신 모든 분들께 상담을 해 드리고 있습니다"라며 상담을 유도한다. 어플리케이션은 '주일수요설교', '성경강연회' 등 설교동영상을 무료로 제공한다. 성경강연회 일정과 장소, 연락처를 기재해 놓았고, 세계선교일정도 병기하고 있다.

5 생명의말씀선교회 교세

경기도 인덕원 서울중앙교회를 중심으로 2020년 2월 기준, 전국 220개의 지교회가 있다. 서울 16개, 경기·인천 46개, 강원 17개, 충북 10개, 충남·대전 23개, 전북 17개, 전남·광주 39개, 경북·대구 24개, 경남·부산·울산 25개, 제주 3개 교회가 있다.

생명의말씀선교회 홈페이지는 해외 지교회 수가 세계 82개국 323개에 달한다고 말한다. 2020년 2월 기준, 공개된 지교회는 유럽에 독일 5개, 러시아 2개, 벨라루스 1개, 스페인 13개, 영국 1개, 오스트리아 1개, 이탈리아 1개, 터키 1개, 프랑스 1개의 지교회가 있다. 아시아의 지교회는 네팔 7개, 대만 1개, 몽골 25개, 미얀마 10개, 방글라데시 2개, 베트남 3개, 스리랑카 1개, 싱가포르 1개, 아랍에미리트 1개, 우즈베키스탄 1개, 인도 8개, 일본 13개, 중국 44개, 카자흐스탄 2개, 캄보디아 3개, 키르기스스탄 6개, 태국 1개, 파키스탄 4개, 필리핀 36개가 있다. 오세아니아에는 뉴질랜드 1개, 호주 4개가 있고, 남아메리카에는 도미니카

서울중앙교회 입구

공화국 1개, 볼리비아 5개, 브라질 2개, 아르헨티나 1개, 에콰도르 12개, 칠레 4개, 코스타리카 5개, 콜롬비아 2개, 파나마 1개, 파라과이 2개, 페루 6개의 교회가 있다. 북아메리카에는 멕시코 43개, 미국 32개, 캐나다 4개가 있다. 아프리카는 가나 1개, 카메룬 1개, 케냐 1개가 있다. 아프리카는 상대적으로 교회 수가 적지만 가봉, 기니, 나이지리아, 남수단, 남아프리카공화국, 니제르, 르완다, 마다가스카르, 말라위, 말리, 모로코, 모리셔스, 베넹, 브룬디 등에 포교를 진행 중이다. 생명의말씀선교회는 해외포교를 위해 190여 명의 선교사를 보냈다.

 생명의말씀선교회는 수년간 해외 지교회의 숫자가 크게 늘었다. 생명의말씀선교회는 매년 수차례의 단기선교와 해외수련회를 보낸다. 해외 성경강연회도 지속적으로 열고 있다.

6 맺음말

생명의말씀선교회는 "깨달음을 통한 구원"을 주장하며 접근한다. 그러나 이 같은 주장은 회개가 빠진 이해와 지적 동의만이 있는 수동적인 깨달음일 뿐이다. 기독교복음침례회, 기쁜소식선교회와 함께 생명의말씀선교회도 "구원을 위한 단회적 회개와 성화를 위한 반복적 회개를 구별하지 못하는 것이나, 스스로를 죄인이라고 하면 지옥간다는 주장은

이요한 측 광주교회와 광주교회 교육원 전경

성경의 가르침에 위배되는 명백한 이단으로 사료된다"는 교계의 연구 결과에 따라 이단으로 분류되고 있다.

생명의말씀선교회는 신도들에게 천재지변, 이상기후, 지진, 전쟁 등의 사례를 들어 급박한 종말관을 형성하며 결정적인 교리를 주장할 때는 영적인 해석 방법을 도입하며, 기성교회에서 행하는 예배 의식과 십일조와 기타 연보들, 기도생활과 예배행위도 율법적이라며 도외시한다. 또한 국내외로 생명의말씀선교회의 성장이 도드라진다는 보고가 있어 한국교회의 경계가 필요하다는 주장이 나오고 있다. 생명의말씀선교회의 인터넷홈페이지 생명의말씀선교회(www.jbch.org), 출판사 영생의말씀사, 경기도 안양의 서울중앙교회 등은 기성교회와 비슷한 명칭을 사용하고 있어 기독인들의 세심한 주의가 요구된다.

Ⅲ 박옥수의 기쁜소식선교회

기쁜소식선교회는 박옥수가 설립한 단체다. 기쁜소식선교회는 성도가 죄를 짓고 회개하거나 죄책감을 느끼면 구원 받지 못한 증거라고 말하는 극단적인 구원론을 가지고 있다. 박옥수는 정기적인 성경세미나와 그가 설립한 IYF(국제청소년연합) 활동을 통해 적극적인 포교를 감행한다. IYF의 월드캠프와 굿뉴스코해외봉사단 등으로 대외적인 공신력을 얻기 위해 노력하고 있으며, 이를 통해 해외포교의 포석을 마련하고 있다. 기성교회에서 상대적으로 경계 수위가 높은 구원파다.

1 박옥수

박옥수는 1944년 6월 2일 경북 구미시 선산읍에서 태어났다. 박옥수는 선산중학교를 중퇴한 후 서울 삼각지에 있는 국립기술학교를 다녔고, 학비를 벌기 위해 신문배달을 했으나 수금이 잘되지 않아 어려움을 겪었다. 이후 술, 담배를 일삼거나 자기 집 창고를 터는 등 방탕한 생활을 했으나 어느 날 새벽기도 때 "마음에 있는 모든 죄가 눈처럼 깨끗하게 씻겨진 사실"을 믿게 되었다고 한다. 박옥수에 의하면 그가 깨닫게 된 날은 1962년 10월 7일로 18세 되던 해이다.

이듬해인 19세 때 그는 미국선교사 딕 욕(Dick York), 네덜란드 선교사 케이스 글라스(Case Glass) 등 외국인 독립선교사들이 운영하던 대구선교학교(Sheild of Faith Mission)에 입학해 그들의 영향을 받기 시

기쁜소식선교회 대표 박옥수

기쁜소식강남교회 전경 (출처: 기쁜소식선교회 홈페이지)

작했다. 현재 박옥수의 핵심 주장인 "거듭남과 깨달음"에 대해 가르침을 받은 시기이기도 하다. 이후 선교학교를 마치고 경남 합천 압곡동에서 전도사가 되기 위해 훈련을 받고, 1964년 거창 장팔리에서 전도사로 활동했다고 한다.

기쁜소식선교회의 시작은 박옥수가 선교학교를 통해 독립선교사들의 "깨닫는 복음"을 접하면서부터다. 박옥수는 1965년부터 1968년까지의 군생활을 마친 뒤 다시 전도사로 활동했다. 1971년 딕 욕 선교사에게 목사안수를 받았다고 주장하나, 딕 욕 선교사는 목사안수를 준 적이 없다고 밝힌 바 있다. 이후 선교사들은 본국으로 돌아갔고 박옥수가 선교학교를 이어받아 운영하면서 기쁜소식선교회는 본격적으로 시작됐다. 1976년 기쁜소식선교회의 전신이라고 할 수 있는 한국복음선교학교를 시작으로 기쁜소식선교회는 체계를 잡아 나갔다. 박옥수는 한국복음선교학교를 기쁜소식선교회선교학교로 명칭을 바꾸고, 1986년 기쁜소식선교회를 창립했다. 1988년에는 박옥수의 주장이 담긴 대표적인 저서 『죄사함 거듭남의 비밀』이라는 책을 발간해 활동을 넓혀갔다. 초창기 대구에서 활동하던 박옥수는 1984년 서울 관악구 봉천동에 소재한 서울제일교회로 본거지를 옮겼다. 이후 1990년 대전으로 옮겨 한밭중앙교회를 중심으로 활동했으며, 2004년 서울강남교회로 옮겼다. 기쁜소식선교회 창립 후 박옥수는 부산에서의 전도집회를 시작으로 매년 서울, 인천 등 대도시를 돌며 집회를 열며, 현재 일 년에 두 차례 국내 대규모 집회를 하고 있다. 2020년 2월 현재, 170여 개의 국내 지교회와 295개의 해외 지교회가 있다고 말한다.

2 기쁜소식선교회 주장

    1988년 3월에 펴낸 박옥수의 『죄사함 거듭남의 비밀』과 1989년 4월 발간된 『두 부류의 신앙』을 보면 "정통교회에서 하는 것이 모두 헛되다는 것을 깨닫는 것이 바로 회개와 믿음"이라는 교리를 주장하며 풍유적 성경해석을 시도한다. 박옥수는 정통교회 목사의 설교를 비판하고 있으며, 2006년 2월 발간된 『회개와 믿음』을 통해 그의 이단성을 더욱 명확히 드러냈다. 『구원파를 왜 이단이라 하는가?』의 저자 정동섭 목사는 박옥수의 구원과 회개, 성경해석에 대해 다음과 같이 비판한다.

1) 구원과 회개의 문제

> "그렇다. 하나님은 우리를 보고 의롭다고 말씀하시기 위하여 그 아들 예수 그리스도를 보내사 십자가에 못 박혀 죽게 하신 것이다. 그러나, 많은 사람들이 그 사실을 믿지 못하고 여전히 '주여,

죄인입니다' 하며 자기 죄 때문에 고통하고 괴로워하고 있다."(p.131) (『두 부류의 신앙』, 기쁜소식사, 1989)

"십자가의 보혈이 우리 죄를 눈과 같이 정결케 했다는 그 사실을 믿지 아니하고, 예수 그리스도께서 십자가에 못박혀 죽으셨지만 오히려 우리 죄가 그냥 있다고 생각하는 것 자체가 십자가의 원수라고 하는 사실을 우리는 깨달아야 한다."(p.192) (『두 부류의 신앙』, 기쁜소식사, 1989)

『두 부류의 신앙』

"여러분이 죄를 지었지만 '하나님이 내 죄를 인정치 아니하신다. 내 죄는 가리워졌다. 내 죄는 다 씻어졌다. 나는 죄인이 아니다' 하는 소리가 여러분의 마음 안에서 울려 나와서 '하나님, 감사합니다. 내 모든 죄가 씻어졌습니다. 할렐루야!' 그렇게 되기를 하나님은 오늘 저녁에도 간절히 간절히 원하신다는 것입니다." (pp.165~165) (『회개와 믿음』, 기쁜소식사, 2006)

"사람들이 회개한다고 합니다. 그런데 성경을 보면 회개는 죄 사함으로 연결되어야 한다고 하는데, 회개를 하지만 죄가 사해지지 않은 사람들이 참 많습니다. 왜 그렇습니까? 참된 회개를 하지 않은 것입니다. … 내가 죄의 씨임을 고백하는 것이 참된 회개입니다."(p.166) (『회개와 믿음』, 기쁜소식사, 2006)

▶ 비판

정통 교회가 죄를 관계론적으로 이해하는 것에 반해, 박옥수는 사람을 죄 덩어리로 규정하여 죄를 존재론적으로 이해한다. 박옥수는 인간을 죄 덩어리로 뭉쳐진 인간, 죄를 지을 수밖에 없는 인간, 더 이상 가능성이 없는 죄악 덩어리, 죄 투성이라고 설명한다. 그리고 죄에 대한 회개는 오직 한 번 하는 것이라고 가르치며, 기성교인들이 죄를 회개하거나 고백하지 못하고 계속 범죄만 회개하는 것은 구원받지 못했기 때문이라고 주장한다. 이에 기쁜소식선교회는 신자가 자범죄를 범하는 것에 대해 대수롭지 않게 여긴다. 회개는 오직 한 번, 따라서 범죄를 했다 해도 회개할 거리가 되지 않아 심각한 도덕적 해이를 야기하게 된다.

2) 풍유적 성경해석

야곱과 에서
"이삭은 그런 축복은 안하고 자기 아들이 죽도록 사냥해 와서 아버지께 순종했는데 뭐라고 했습니까? 저주했습니다. 이것은 무엇을 뜻하느냐 하면 내가 하나님의 말씀대로 살려고 애쓰고 순종해도 하나님 앞에 저주밖에 못 받는다는 것입니다. 왜냐하면, 우리는 하나님의 말씀을 순종하고 지킬 수가 없기 때문입니다."(p.70)
(『죄사함 거듭남의 비밀 1』, 기쁜소식사, 1988)

강도 만난 자
"사마리아인 - 예수님이 가까이 가셨습니다. 가까이 가서 기름과 포도주를 그 상처에 부었습니다. 저는 성경을 읽을 때 한 절 한 절 분석해서 읽는데 그렇게 해 봅시다. 대개 상처가 나면 포도주를 붓고 기름을 바릅니다. 우리가 선교사로 가기 위하여 훈련을 받을 때 그런 것을 배웠습니다. 아주 도수가 높은 술은 소독이 잘 된다고 합니다. 상처를 소독해 놓고 그 다음에 바세린을 바르는데, 바세린 대용으로 기름을 발라 놓으면 거기에 다른 잡균이 침

범하지 못합니다. 그래서 기름을 먼저 바르는 것이 아닌데, 여기는 기름을 먼저 붓게 되어 있습니다. 이것이 왜 이런가 하고 생각해 봐도 이해가 안 갔는데 한참 뒤에 깨닫게 되었습니다. 성경에 나타난 기름은 성령을 가리키며 포도주는 기쁨을 가리킵니다. 그러니까 기름과 포도주를 우리에게 붓는다는 것은 먼저 죄사함을 받고 나면 성령이 우리 속에 들어 오시고 그 뒤에 기쁨이 옵니다." (pp.254~255) (『죄사함 거듭남의 비밀 1』, 기쁜소식사, 1988)

『죄사함 거듭남의 비밀 1』

문둥병자 나아만

"성령이 없는 사람은 성경이 이해가 가지 않으니까 다른 책을 갖다 놓고 풀어야지 영(靈)으로는 못 푸는 겁니다. 책으로 푸는 것과 영(靈)으로 푸는 것은 질적으로 다르거든요. 책은 이해가 가는데, 성경은 이해가 안가니까 성경을 이해하기 위한 책을 사서 계속 읽어야 하는 거예요. 여러분, 이것은 내가 누구를 헐뜯기 위해 하는 말이 아

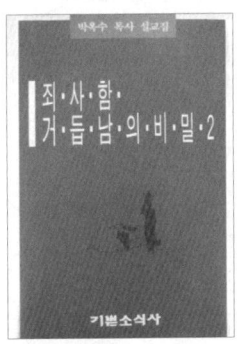

『죄사함 거듭남의 비밀 2』

니라 사실이 그렇다는 겁니다. 성경을 이해하지 못하고 어떻게 목회를 합니까? 기껏 성경을 읽어도 원어풀이나 하지요. 믿음이라는 말은 헬라어로 뭐라고 하고, 사랑이라는 말은 헬라어로 … 그것은 영(靈)이 없어도 헬라어만 배우면 할 수 있습니다." (p.165) (『죄사함 거듭남의 비밀 2』, 기쁜소식사, 1991)

▶ 비판

박옥수의 성경 해석은 심각한 오류가 있다. 전체적으로 구원파들은 성경을 억지로, 풍유적으로 해석하고 있다. 대부분이 체계적 신학을 공부한 적이 없고 성경 해석의 원리를 모르기 때문에 그들의 구원관을 강조하고 합리화하기 위하여 성경을 자의적으로, 억지로 해석하기를 서슴지 않는다. 성경의 용어를 그대로 사용하되 자기들의 목적에 맞추어서 그 의미를 바꾸어 사용한다.

3 기쁜소식선교회 활동

1) 여름과 겨울캠프(수양회)

기쁜소식선교회(www.goodnews.or.kr)는 여름과 겨울을 이용해 매해 캠프를 열고 있다. 캠프 시간은 박옥수의 성경강연이 핵심이라고 할 수 있다. 캠프는 4박 5일 과정으로, 강릉IYF센터와 대덕수양관 양쪽에서 3~4차로 진행되고, 노인수양회가 따로 열리기도 한다. 8월에는 한 달 내내 캠프가 진행된다. 기쁜소식선교회 홈페이지는 여름캠프

기쁜소식선교회 캠프장면 (출처: 굿뉴스데일리)

와 겨울캠프 홈페이지를 개설하여 강연동영상과 MP3 파일을 제공한다. 캠프는 해외에서도 열린다. 집회가 해외에서 열릴 때에는 집회참석과 동시에 관광을 원하는 여행단을 모집해 드래곤플라이투어(전 운화여행사)를 통해 신청을 받는 것으로 알려졌다. 드래곤플라이투어는 기쁜소식

월간 「기쁜소식」(좌)과 월간 「키즈마인드」(우)

선교회 측에서 직접 운영하는 것은 아니지만 선교회 관계자들이 운영하는 곳이다. 기쁜소식선교회 측의 모든 해외여행은 드래곤플라이투어를 이용하고, IYF의 공식여행사로도 운영된다.

2) 언론과 방송

기쁜소식사는 1986년 4월 시작해 1989년 12월 출판사로 정식등록했다. 단행본, 월간지(일반용, 아동용), 가스펠송 등을 출판하고 있고 2014년 7월 까지, 3권의 찬양집과 77권의 한국어 서적을 홈페이지에 광고하고 있다. 기쁜소식선교회는 이 출판사를 통해 월간 「기쁜소식」과 월간 「키즈마인드」를 발간한다. 월간 「키즈마인드」는 어린이를 대상으로 교리를 학습하기 위한 잡지다. 월간 「기쁜소식」, 월간 「키즈마인드」의 주요 기사, 최근 기쁜소식선교회의 소식을 '굿뉴스데일리' 라는 인터넷 뉴스

브랜드 커피 전문점에 비치된 「투머로우」. 2013년 11월호에는 '성경으로 배우는 마인드 세계' 라는 박옥수의 글이 실려있다.

홈페이지에 통합하여 제공하고 있다. 매주 발간되는 「주간 기쁜소식」은 주간기쁜소식신문사에서 제작·배포한다.

  2009년 10월 첫 창간호를 낸 월간 「투머로우(tomorrow)」는 계간 「IYF」가 바뀌어 나온 것으로 알려졌다. 월간지는 (주)투머로우에서 발행하고, 「데일리투머로우」라는 인터넷 신문이 운영되고 있다. 월간 「투머로우」는 스타벅스, 카페베네, 탐앤탐스 등 전국 주요 브랜드커피 전문점에 비치되고 있어 주의가 필요하다. 잡지는 캠퍼스 교양지로 소개하며 종교잡지가 아닌 것처럼 홍보하고 있지만, IYF를 홍보하는 내용이 가득하다. 발행처도 기쁜소식양천교회와 같은 주소다.

  기쁜소식선교회는 굿뉴스TV(GOODNEWS TV)라는 인터넷방송을 운영하고 있다. 굿뉴스TV 홈페이지는 "1994년 방송 선교를 목적으로 설립되어 전 세계로 복음을 전파하는 영상선교부"라고 소개한다. 굿뉴스TV는 기쁜소식선교회 주일설교와 선교회 뉴스, 박옥수 성경세미나, IYF 월드캠프 영상 등을 생중계하고, VOD 서비스를 하고 있다. 남미 방송사 '엔라세(Enlace)'와 케냐 공중파 종합편성채널 'GBS' 등 해외 방송국에도 방송이 송출되고 있다.

4) IYF (국제청소년연합, www.iyf.or.kr)

기쁜소식선교회의 핵심조직인 IYF(International Youth Fellowship, 설립자 박옥수, 대표 박문택)는 2001년 3월 창립한 단체로, 1995년 7월 기쁜소식선교회의 한미청소년수련회부터 시작됐다. IYF는 2020년 2월 현재, 국내 10개 지부, 해외 128개 지부가 활동한다고 주장한다.

IYF 로고

(1) 기쁜소식선교회 유관단체 IYF

기쁜소식선교회는 IYF 활동에 주력하고 있다. 이는 기쁜소식선교회가 IYF를 청년포교의 장으로 보기 때문이다. 월간 「기쁜소식」, 주간 「기쁜소식」, 굿뉴스데일리, 굿뉴스TV, 월간 「투머로우」 등 기쁜소식선교회의 모든 매체에서 IYF 소식을 접할 수 있다. IYF는 대학교 내에서 해외봉사활동, 영어말하기대회, 영어동아리 등 학생들이 주로 관심을 가지는 외국어나 문화적 요소로 접근해 회원을 모집한다. 최근에는 각 대학교의 정동아리로 들어가기 위해 각고의 노력을 하고 있으나 학교와

박옥수는 IYF 설립자이자 고문으로 활동한다. (출처: IYF 홈페이지)

기독학생의 반대에 부딪히는 경우도 있었다. 이들은 학교 내외에서 포교를 제재하는 학교, 교수, 학생 등에게 내용증명을 보내 "우리는 이단이 아니다", "박옥수에 대한 명예훼손에 대해 고소하겠다"며 협박, 폭행, 시위, 고소를 한다.

  IYF는 국제 청소년 NGO단체라고 홍보하며 종교색이 없는 것처럼 포장한다. IYF는 2020년 2월 현재, 53개국에 정부에 NGO로 등록되었고, 22개국 133개 단체와 MOU를 체결하고 있다고 말한다. IYF는 교류사업, 교육사업, 문화사업, 사회봉사사업 등 4개 분과로 사업부문을 나누어 활동하고 있다. 2013년 한국월드캠프의 경우, 문화체육관광부, 한국청소년단체협의회, 부산광역시, 대구광역시, 대전광역시, 전라남도, 국제신문의 후원을 받았다. IYF는 2008년 보건복지가족부장관상을, 2010년 여성가족부장관상을 수상했다.

> - 교류사업 : 월드캠프
> - 교육사업 : 대안학교, 영어말하기대회, 영어캠프
> - 문화사업 : 세계문화체험박람회, 굿뉴스코페스티벌, IYF아티스트콘서트
> - 사회봉사사업 : 굿뉴스코해외봉사단, 국제행사지원사업

IYF는 박옥수에게는 대외적으로 고문이라는 직함을 부여하고, 유명인을 고문으로 초빙하여 박옥수와의 개연성을 갖게 했다. 기독언론사에는 IYF를 이단사이비종교단체로 매도하면 소송을 제기하겠다는 내용증명을 보냈다. IYF를 구원파라고 비판하면 허위사실로 고소하기도 했다. 이단성 탈피를 시도한 것이다.

그러나 IYF는 사실상 기쁜소식선교회의 포교수단으로 사용된다. IYF 모임에 나가면 성경을 배우고, 기쁜소식선교회의 교회에 출석할 것을 권유받는다. IYF의 10개 지부 중 9곳이 기쁜소식선교회의 지교회다. 다른 1곳도 지교회 옆 건물이었고, 그라시아스 음악학교와 주소가 동일한 곳이다. IYF가 대안학교로 운영한다는 링컨하우스스쿨 13곳도 기쁜소식선교회 지교회와 주소가 일치하거나, 인근에 위치해 있다.

(2) 굿뉴스코 해외봉사단과 월드캠프

굿뉴스코(Good News Corps) 해외봉사단은 IYF 회원이 아닌 일반대학생들만을 대상으로 소정의 심사를 거쳐 뽑힌 사람들이 지원한 지역에서

자원봉사와 선교를 함께 하는 것으로 세계 80여 개국에서 10개월 정도 활동한다. IYF는 2014년 13기까지 84개국 4889명을 해외로 보냈다고 홍보하고 있다.

해외봉사단은 왕복 비행기 값과 개인경비만 본인이 부담하며 현지에서의 숙식이 제공된다. 현지 숙박은 각 지역 지교회에서 해결하며 오지여행, 어린이선교, 무전여행, 중·고등학교 채플강연, 방송 및 문서 등의 포교활동을 한다. 또한 문화교류활동, 청소년 봉사활동, 사회봉사활동, 컴퓨터·음향·방송통신 등의 기술보급과 캠퍼스 내 사진전, 동아리, 세미나 등을 통한 현지 대학생간의 교류활동, 비영어권 국가의 영어보급 등으로 포교한다.

월드캠프는 전 세계 대학생들의 교류를 위해 만들어진 대학생 캠프로 2001년부터 월드캠프라는 명칭으로 열리고 있다. 해외 월드캠프는 2005년부터 시작하여 범위를 넓혀갔고, 2011년 이후 매년 30개국 이상에서 행사를 치러내고 있다. 프로그램으로는 세계문화공연, 마인드강연, 명사초청강연, 그라시아스합창단공연, 단축마라톤, 주요명소관광 등으로 학생들의 마음을 산다. 월드캠프의 핵심이라 할 수 있는 마인드강연은 박옥수가 주로 맡아 하고 있다.

굿뉴스코 해외봉사단은 해외활동을 기초로, 세계문화체험박람회, 굿뉴스코페스티벌을 연다. 세계문화체험박람회는 해외 현지의 민속공예품 및 의상 등 전시, 전통 문화 공연이 주요한 내용이다. 굿뉴스코페스티벌은 1년여 간의 해외활동을 보고하고 기념하는 행사다.

(3) 대안학교 링컨스쿨 (www.iyf.or.kr/kr/School.htm)

2004년 3월 경기도 부천에 링컨하우스스쿨이 세워진 것을 시작으로 전국 각지에 개교했다. 서울, 부산, 대구, 광주 등의 지역을 중심으로 전국에 13개의 링컨학교가 분포해 있다. 대부분의 링컨학교는 지역 기쁜소식교회 내에 학교를 함께 운영하며 링컨학교마다 교장을 포함한 교사들의 수는 20명 정도다. 링컨학교 측은 "학교 교직원들은 모두 기독교인이다"라고 말하지만 기숙사학교라는 특징 때문에 교사들은 기쁜소식선교회를 매주 출석해야하므로 기쁜소식선교회 측 신도들이 교사로 일하고 있음을 추측할 수 있다.

링컨학교 로고

링컨학교의 가장 큰 문제는 학교에서 기쁜소식선교회가 주장하는 성경교리를 가르친다는 점이다. 링컨학교 측은 '성경'을 가장 중요하게 생각한다고 말한다. 링컨학교 입학 지원 자격은 개인의 종교와 무관하지만 학교에 입학한 후, 일주일 동안 복음반이라는 성경공부를 기쁜소식선교회 측 목사로부터 반드시 배워야 한다. 복음반에서는 "성경에서 말하는 죄, 성경과 믿음, 진짜 거듭날 수 있는 원리"를 가르친다. 링컨이라는 사람도 거듭난 그리스도인이므로 신앙으로 어려움을 극복한 강한 마음의 소유자인 링컨처럼 실제적인 지도자들을 양성한다고 주장하지만, 이는 기쁜소식선교회 측의 교리인 거듭남과 죄사함을 계속해서 강조하고 있다. 링컨학교는 매일 아침 한 시간 채플 및 성경공부를 하고

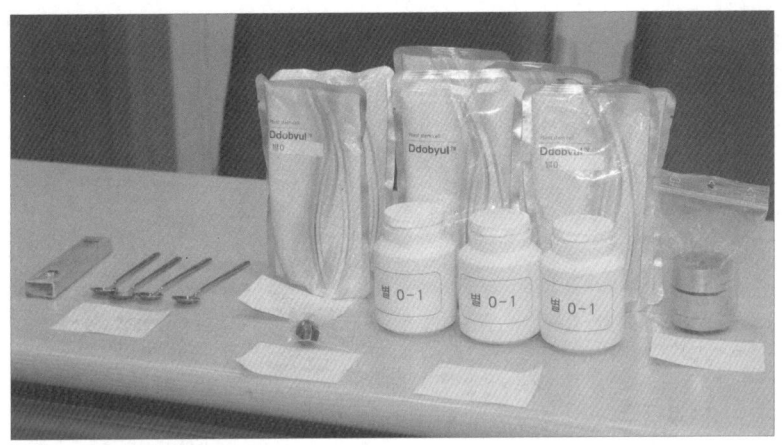
(주)운화가 암·에이즈 치료제로 선전했던 또별

있으며 학생 전원이 기숙생활을 하기 때문에 수요일 및 주일 예배에 전 교생과 교사 모두 참석해야 한다.

(4) 국제마인드교육원 (http://imei.or.kr/)

국제마인드교육원(김재홍 원장)은 기쁜소식선교회(박옥수) 유관기관 중의 하나로 강사를 양성해 초·중·고등학교 등 교육기관에 나가 강연 활동을 하는 곳으로 알려져 있다. 김재홍 원장은 기쁜소식선교회 지교회인 기쁜소식인천교회 담임이다. 다른 강사 중에도 기쁜소식선교회 지교회 담임 목사가 다수 발견된다. 이곳에서는 마인드 전문 강사를 양성하고 있는데, 훈련과정의 평가는 박옥수의 저서 『나를 끌고 가는 너는 누구냐』를 읽고, 논술과 발표시험을 치른다.

또별을 홍보하는 박옥수 목사(좌), 진영우 대표이사(우) (출처: 채널A 〈잠금해제 2020〉)

5) 또별 논란

기쁜소식선교회 박옥수는 2011년 3월 기쁜소식선교회 신도가 운영하는 (주)운화(대표 진영우)가 판매하는 또별로 사회적 논란이 일었다. 또별을 암·에이즈 치료제라고 홍보했다가 피해자가 속출했기 때문이다. 난소암 투병생활을 했던 한 신도가 또별을 믿고 복용했다가 치료시기를 놓쳐 사망하고 말았다. 사망한 신도는 생전에 "또별은 하나님을 믿는 많은 사람들을 치료했고, 또별을 먹은 많은 사람들에게 기적같은 일이 있었다. 때문에 또별이 하나님의 지혜로 탄생했다고 믿는다"고 말했었다. 또별 복용에 종교적인 문제가 끼어 있었던 것이다.

박옥수는 설교 석상에서 또별을 암·에이즈 치료제라고 말했다. 그는 "딱 들어가면 이놈들이 들어와서 암세포를 딱 둘러 포위를 한대요. 뺑 둘러 싸니까 암세포가 포위를 당해가지고 공급을 못 받아서 먹지도 못하고 그때는 말라 죽어버린대요"라며 또별을 홍보했다. 교회 장로인 진영우도 또별이 에이즈를 낫게 하고 암을 낫게 한다고 신도들에게 말했다. 교회 주보에서도 또별을 암·에이즈 치료제라고 말했다. 그러나 또

주간 「기쁜소식」에 게재 됐던 운화의 광고. 또별을 암·에이즈를 치료하는 신약으로 소개하며 투자를 권유했다.

별은 약품이 아닌 식품에 불과한 것으로 밝혀졌다.

피해자들은 박옥수와 당시 대표 도기권, 진영우를 사기, 부당이득, 의료법위반, 식품위생법위반 등으로 고소했다. 박옥수구원파피해자모임은 ▲식품에 불과한 또별을 항암제 및 에이즈 치료제인 것처럼 홍보하고 신도들에게 복용을 권유했으며 ▲신도 중에는 또별의 효능을 믿고 복용하다 치료시기를 놓쳐 사망한 사례가 있고 ▲약이 아닌 또별을 약처럼 팔며 부당이득을 취하고 있다고 호소했다. 그러나 검찰은 박옥수 등 3인에 대한 사기나 부당이득 혐의는 인정하지 않았고, 식품위생법

위반으로만 박옥수를 벌금 500만 원, 도기권과 진영우를 벌금 300만 원 약식 청구했다. 검찰은 이 세 명이 서로 공모하여 식품을 의약품으로 혼동하도록 광고했다고 인정했다.

그러나 논란은 일단락되지 않았다. 또별을 믿고 운화의 주식을 샀다가 금전적인 손해를 본 피해자들이 박옥수 등을 사기로 고소했다. 또별의 과대광고가 원인이었다. 2차 피해자가 양산된 것이다. 피해자에 따르면 박옥수와 도기권, 진영우는 2010년, 또별로 운화가 수천 조의 이익을 낼 수 있다며 신도들에게 주식매입을 권유했다. 기쁜소식선교회 주보격인 주간 「기쁜소식」에도 '운화에 투자하면 3년 후에 100%의 수익금을 보증하겠다'고 광고했다. 그렇게 팔았던 주식이 90억 원. 2013년 10월까지 180억 원을 주주가 된 신도들에게 돌려주어야 했다. 피해자만 870여 명으로 추산됐다. 피해자들은 운화가 돈을 변제할 능력이 없다고 보고 박옥수와 운화를 주식사기로 고소했다. 결국 운화는 돈을 갚지 못했다.

박옥수와 운화 관계자는 경찰 수사에서는 사기혐의를 벗지 못했다. 사건 수사를 진행해온 전주시 덕진경찰서는 9개월에 걸친 조사 끝에 2014년 3월 박옥수와 운화 관계자 등 네 명을 사기혐의로 검찰에 송치했다. 피해자들은 검찰에 강력한 수사를 촉구했다. 피해자들은 이 사건을 단순 사기가 아니라 종교심을 이용한 사기사건이라고 주장했다. 2014년 6월까지, 검찰의 기소여부는 결정돼지 않았다. 그러나 특경법상 사기죄가 적용되어 재판까지 갈 경우, 최고 무기징역까지 처벌될 수도 있어 기쁜소식선교회에 큰 파장이 일 것으로 예상된다.

4 기쁜소식선교회 포교방법

1) 문화행사를 통한 포교

문화포교는 기쁜소식선교회의 포교전략 중 최근 가장 활발한 부분 중 하나이다. 교회 내부적으로 그라시아스 합창단, 별나라 인형극단(구 기브온 인형극단), 리오몬따냐(통기타음악공연팀) 등을 운영한다. 이들은 박옥수의 해외전도집회에도 참석한다. 별나라 인형극단은 2000년 12월에 창단되었고 각종 사회복지시설(장애우시설, 복지회관, 양로원, 성화원), 교육기관(유치원, 초등학교, 대안학교), 선교관련기관(수련관), 개교회 초청순회공연, 청소년 관련기관 등에서 공연해 왔다. 1999년 8월 2인극을 시작으로

별나라극단 초대권(위)과 리오몬따냐 공연(아래)
(출처: 굿뉴스데일리)

2000년 12월부터 봉사, 객원단원 중심으로 운영하다가 2004년 7명의 단원이 정식으로 결성되어 본격적인 전국 순회공연에 해외공연까지 하고 있다.

이 외에도 미술전시나 공연 등 종교색을 풍기지 않으며 접근한다. 호주에서 기쁜소식선교회 소속 김기철의 돌가루 그림전(또는 석채화전)을 열어 그림에 관심 있는 현지인이나 석채화 기교를 배우고자 하는 이들에게 접근, 포교한 사례가 있다. 이들은 석채화전에 이어 성경세미나를 열었고 이를 통해 알게 된 사람들이 자연스럽게 성경세미나에 참석할 수 있도록 유도했다.

그라시아스 합창단은 2000년에 창설된 남녀 혼성 합창단으로 인원은 70명 정도이며 국내외 많은 순회공연을 하고 있다. 지역 문화예술회관에서 정기연주회를 하는 그라시아스 합창단은 공연예술이라는 형태로 대중들에게 접근하고 있다. 그라시아스 합창단은 최초 12명으로 시작

그라시아스 합창단 공연 (출처: 굿뉴스데일리)

했고, 합창단원은 외국에서 공부할 수 있는 기회를 준다. 공연예술로 접근하는 그라시아스 합창단은 박옥수 성경세미나에서 구원파 교리를 좀 더 강하게 심어주는 촉매제 역할을 하고 있다.

도서지역에서도 기쁜소식선교회는 문화행사를 통해 포교하고 있다. 전남 신안군에 위치한 A 중·고등학교는 2007년 여름, 섬 지역 학생들을 위해 문화공연을 해준다는 대학생들의 제안을 허락했다. 마침 축제 기간을 앞두고 있던 터라 학생들에게 좋은 경험이 될 것이라는 기대도 있었다.

수업을 마치고 전교생이 모두 모인 자리에서 대학생들의 공연이 시작됐다. 30명의 학생들은 IYF라는 소속단체를 소개하며 "해외에서 봉사활동을 하며 영어공부를 할 수 있는 실제적인 기회를 얻을 수 있었다"고 설명했다. 그러나 IYF 측이 나눠준 안내서에는 박옥수가 고문 자격으로 쓴 글이 실려 있었고 학교 관계자들은 이 안내서를 보고 나서야 IYF가 종교단체와 관련된 곳임을 알 수 있었다. 학교 측은 IYF라는 이름이 낯설어, 전혀 종교색을 지닌 단체라고 생각지 못하고 공연을 허락한 것이다.

2) 박옥수 성경세미나를 통한 포교

기쁜소식선교회는 1년 내내 다양한 방법으로 포교한다. 가장 대표적인 것은

박옥수 성경세미나 홍보 포스터

박옥수 성경세미나 현장

박옥수 성경세미나로 대규모 국내 집회는 1년에 두 차례 올림픽경기장에서 열리며 거의 매달 국내외 각 지역에서 성경세미나를 열어 포교한다. 박옥수 뿐만 아니라 지교회 목사들도 항상 성경세미나를 열고 있어 대규모, 소규모 집회가 계속되고 있다. 성경세미나는 한 지역에서 일주일 동안 열리며 매달 20~40개 정도의 지역에서 정기적인 성경세미나가 진행된다. 성경세미나가 끝나고 나면 상담을 받는 코너가 마련되어 있다. 「현대종교」 기자가 직접 상담을 받아봤다. 상담에 정해진 틀은 없어보였으나, 기쁜소식선교회의 포교방식을 접할 수 있었다. 기쁜소식선교회 신도가 기자에게 상담해주었던 내용이다.

STEP1. 소속 확인
다니는 교회가 어딘가? 신앙생활은 얼마나 했나? 현재 무슨 일을 하고 있나?

STEP2. "베드로와 가룟 유다의 차이가 무엇이라고 생각하나"
● 가룟 유다는 예수님을 팔았고, 베드로는 예수님을 부인했다. 똑같이 죄를 지었는데 왜 가룟 유다는 자살하고, 베드로는 전도자가 됐는가. 가룟 유다는 자신의 잘못을 자기가 책임지려 했고, 베드로는 죄를 예수님이 받아주셨다는 사실을 알았기 때문이다. 베드로는 자신의 죄에 메이지 않았다.
● 우리의 신앙은 베드로와 가룟 유다 둘 중 하나다. 당신의 마음이 베드로처럼 온전하게 되었느냐, 가룟 유다처럼 행위와 양심과 가책 속에 놓여 있느냐의 차이다.

STEP3. "당신은 죄에서 해방됐는가?"
● 그러나 이제는 너희가 죄로부터 해방되고 하나님께 종이 되어 거룩함에 이르는 열매를 맺었으니 그 마지막은 영생이라 죄의 삯은 사망이요 하나님의 은사는 그리스도 예수 우리 주 안에 있는 영생이니라(롬6:22~23)
● 베드로는 죄에서 해방되어 영생을 얻었고, 가룟 유다는 죄의 삯인 사망을 받았다.

STEP4. "종교적인 행위로는 해방될 수 없다"
● 해방은 종교행위와 아무 관계가 없다. 모태신앙, 목사생활, 장로생활 상관없다. 예수님이 우리의 죄를 씻겼다고 했다. 당신은 죄에서 해방됐나?
● 내 능력으로는 죄에게서 해방될 수 없다. 영생은 죄가 있으면 들어올 수 없다.

STEP5. "예수님이 죄의 대가를 다 지불했다"
● 하나님이 예수님을 보내셔서 십자가를 통해 모든 죄의 값을 지불했다. 그렇다면 당신의 모든 죄의 대가도 예수님이 지셨나 안 지셨나? 지셨다.
● 우리의 모든 죄값은 2000년 전에 모두 계산이 끝났다. 당신의 모든 죄의 대가도 다 끝났다. 그 사실을 모르고 있는 것이다.
● 그렇다면 죄를 용서해달라고 비는 사람은 죄가 있는 것이다. 있으니까 용서해달라고 기도한다. 죄가 없는 사람은 용서해달라고 기도할 수 없다. 마귀가 생각을 넣어서 나는 잘못했다, 죄를 지었다고 생각하게 만든다.

STEP6. "당신은 죄가 없다"
● 예수 그리스도 안에 있는 자는 결코 정죄함이 없다고 했다. 정죄는 예수 그리스도가 다 받았다. 당신에 대한 정죄도 다 받았다.
● 구원은 세상 첫날부터 세상 끝날까지의 모든 죄의 대가가 모두 지불됐다는 사실을 발견하는 것이다. 죄는 빌면 씻겨주고 안 빌면 안 씻겨 준다는 것은 우스운 얘기다.

STEP7. "내일 있는 세미나도 참석해보라, 전화번호 부탁한다"

또한 영어캠프, 월드캠프, 세계문화체험박람회, 굿뉴스코, 링컨학교 등 기쁜소식선교회에서 주관하는 모든 행사의 마무리는 성경세미나로 이어진다.

3) 무료영어교육을 통한 포교

연세대학교(원주캠퍼스)에서 IYF는 'English Bible Study'라는 이름으로 학생들을 끌어들였다. 그러나 직접 그 모임에 참석한 학생은 단순하게 영어성경을 해석하는 것이 아닌 교리를 배우게 됐다.

2008년 5월 김○○은 학교의 모 건물에서 'English Bible Study'라는 제목으로 학생들을 모집하는 문구를 발견했다. 참석한 학생들이 서로 자기소개를 했는데, 김○○을 제외한 나머지 사람들은 서로 알고 있는 사이였다. 특이한 점은 대부분 해외봉사를 다녀왔다는 것이었다. 각각 가나, 영국, 미국 등 다른 나라에서 봉사활동을 한 경험이 있다고 자신을 소개했다. 첫날에는 비교적 논리적으로 보이는 성경해석을 접한 후, 괜찮은 곳이라고 생각했으나 두 번째 모임은 좀 달랐다. 모임 중에 기쁜소식선교회 교리를 가르치기 시작했다. "구원받은 자는 매일 죄를 범하더라도 울며 용서를 구할 필요가 없다"며 "그것은 구원의 확신이 없고 예수님을 진정으로 믿지 않아서 그렇다"는 것이었다. 이에 대해 김○○에게 생각을 물어보기도 하고, 논쟁을 하기도 했다. 모임을 마칠 때에는 해외봉사와 세계문화체험 박람회 팸플릿도 나눠주면서 참여할 것을 권면했다.

한편 미국인 선교사가 IYF 티셔츠

IYF 무료 영어회화교실 팸플릿

를 입고 모임에 참석한 것도 발견할 수 있었다. 김○○이 참석했던 영어성경공부모임이 구원파 IYF라는 사실을 몰랐다면 그 교회로 옮겼을 수도 있었다고 고백한다. IYF가 포교하는 방법이 서서히 빠지기 쉬운 방법으로 포교했기 때문이다. 이렇게 IYF처럼 영어성경공부를 통해 만남을 가진 후, 기쁜소식선교회로 미혹하는 방법이 효과적으로 사용되는 있는 예를 볼 수 있다.

또한 기쁜소식선교회는 어린이들 영어교육을 통해 포교에 힘을 쏟고 있으며 매년 어린이영어캠프를 열고 있다. 2008년 영어캠프는 2월 25일부터 28일까지 3박 4일간 초등학교 3학년부터 대학생까지 대상으로 영어노래, 그림단어카드 연습, 발음연습 등 기초적인 영어 프로그램과 영어말하기대회 등의 프로그램으로 캠프를 했다. 영어캠프 역시 프로그램을 마친 뒤에는 기쁜소식선교회 교리를 듣는 시간이 이어져 기존의 문화행사를 통한 포교방식과 동일한 형태를 취했다.

5 기쁜소식선교회 교세

　기쁜소식선교회의 국내지역 교회의 수는 2020년 2월 기준 전국 170개에 이른다. 이들은 '기쁜소식'이라는 단어를 지역 이름과 혼합해 교회 이름으로 사용하고 있다.

〈전국 기쁜소식교회 현황〉
서울지역 기쁜소식강남교회 포함 8곳
광주지역 기쁜소식광주은혜교회 포함 3곳
대구지역 기쁜소식대구교회 포함 2곳
대전지역 기쁜소식한밭교회 포함 3곳
부산지역 부산대연교회 포함 6곳
울산지역 기쁜소식울산교회 포함 2곳
인천지역 기쁜소식인천교회 포함 3곳
강원지역 기쁜소식강릉교회 포함 16곳
경기지역 기쁜소식분당교회 포함 23곳
경남지역 기쁜소식창원교회 포함 25곳
경북지역 기쁜소식구미교회 포함 23곳

충남지역 기쁜소식금산교회 포함 15곳
충북지역 기쁜소식영동교회 포함 8곳
세종지역 기쁜소식세종교회 포함 1곳
전남지역 기쁜소식담양교회 포함 17곳
전북지역 기쁜소식전주교회 포함 13곳
제주지역 기쁜소식제주교회 포함 2곳

〈기쁜소식선교회 유관기관〉
그라시아스합창단, 국제청소년연합(IYF), 마하나임바이블트레이닝센터, 예루살렘라디오, 케냐국제고등학교, Good News TV, 도서출판 (주)기쁜소식사(월간「기쁜소식」, 월간「키즈마인드」 발행), 굿뉴스데일리, (주)투머로우(월간「투머로우」 발행), 데일리투머로우, 주간기쁜소식 신문사(주간「기쁜소식」 발행), 임마누엘선교부, 드래곤플라이투어(전 운화여행사), 뉴욕 마하나임대학, 임마누엘

위에서부터 기쁜소식강릉교회, 기쁜소식동서울교회, 기쁜소식부천교회, 기쁜소식포천교회이다.

　기쁜소식선교회는 해외에 2002년 14명의 대학생 파견을 시작으로 2003년에 58명, 2004년에 110명, 2005년에 237명을 파견했다. 실제로 해외 지교회 선교사들이 해외현장체험으로 파견된 단기선교사들을 동원하고 있다.
　기쁜소식선교회는 아메리카, 아프리카, 유럽, 아시아 등 전 세계 총 190여 개의 해외 지교회를 가지고 있으며 각 지교회와 청년 단기선교사가 함께 협력해 포교한다. 해외 지교회는 기쁜소식선교회가 최근 주력

하고 있는 문화선교의 장소로 활용된다. 단기선교사들과 함께 캠퍼스전도, 노방전도, 관계전도, 현지전도여행, IYF 사진전 등을 이용한 홍보 및 포교활동을 하고 있다. 2020년 2월 기준, 해외의 각 지교회 현황은 다음과 같다.

<해외 기쁜소식교회 현황>
북아메리카(동부): 기쁜소식뉴욕교회 포함 24곳
북아메리카(서부): 기쁜소식LA교회 포함 26곳
중앙아메리카: 기쁜소식멕시코시티교회 포함 15곳
남아메리카: 기쁜소식상파울루교회 포함 35곳
유럽: 프랑크푸르트교회 포함 21곳
러시아: 기쁜소식옴스크교회 포함 23곳
동부아프리카: 기쁜소식나이로비교회 포함 60곳
서부아프리카: 기쁜소식테마교회 포함 30곳
아시아: 기쁜소식케존교회 포함 37곳
오세아니아: 시드니은혜교회 포함 11곳
일본: 동경은혜교회 포함 10곳

박옥수씨 측 기쁜소식독일교회

6 맺음말

1) 교회차원의 대처방안

2008년 8월 28일 대전지방법원은 기쁜소식선교회가 대전시기독교연합회 오정호 목사와 김학수 목사를 상대로 낸 손해배상을 기각했다. 2004년 기쁜소식선교회 측이 대전지역에 성경세미나를 개최하려고 하자 대전시기독교연합회 측은 "이단(박옥수 구원파)으로부터 우리 가정과 고장 대전을 지킵시다"라는 제하의 유인물 30만 부를 일간지의 간지 형태로 배포했다. 이에 기쁜소식선교회는 "새로남교회는 유인물을 일반인에게 배포함으로써 명예훼손과 모욕을 하였고 대전시기독교연합회의 이러한 행위는 종교적 비판의 자유를 넘어서는 위법행위"라며 대전 시 기독교연합회 측을 상대로 손해배상 책임을 청구했다.

그러나 재판부는 "유인물의 주된 내용은 구원파 계열이 이단이므로 경계해야 한다는 내용으로서 종교적 비판의 표현 행위로 볼 수 있고 명예훼손과 모욕의 정도가 중하다고 보이지 않는다"며 기각했다. 한편 기쁜소식선교회 측은 같은 사건으로 대전시기독교연합회를 명예훼손 혐의로 고소했으나, 2007년 12월 대전시기독교연합회는 명예훼손 혐의에 대해 대법원 상고심의 최종 승소 판결을 받았다. 이렇게 기쁜소식선교회는 기성교회와의 재판으로 끊임없이 싸우고 있는 상황이며 법적 문제 등의 교회적인 대처방안과 이단대처를 위한 실제적인 정보공유가 필요하다.

현재 기쁜소식선교회는 각종 언론사에 그들을 홍보하는 광고성 기사를 게재하여 기성교회의 교인들이 박옥수의 교리가 성경적으로 아무 문제가 없는 것처럼 오해하도록 하고 있다. 또한 박옥수는 "많은 사람들이 교회에 다니면서도 죄 때문에 괴로워하고 여전히 죄인이라는 생각을 가지고 사는 것은 죄사함을 받은 것이 아니고, 기성교회에 구원받은 목사들이 단 몇 명만 있었더라도 한국교회가 이렇게까지 썩지는 않았을 것이다"라며 잘못된 구원관을 가르치는 세미나를 매년 열고 있다.

기쁜소식선교회 신도는 박옥수 세미나를 듣고 나서 "나도 기성교회에 다니다가 이쪽으로 교회를 옮겼는데 실제로 마음이 갈급한 기성교회 교인들이 박옥수의 설교를 많이 들으러 오고 후련하다는 생각을 하게 된다"고 말했고, 한 여신도는 세미나에서 "그동안 반복해서 짓는 죄 때문에 항상 괴롭고 죽고 싶은 마음뿐이었는데 2000년 전에 예수님께서 내 모든 죄를 용서해 주셨기 때문에 더 이상 괴로워할 필요가 없으니 다시 살고 싶은 마음이 생겼다"고 말했다.

이와 같이 많은 기성교회 교인들이 기쁜소식선교회의 집회 참석 후 "구원 받았으니 더 이상 죄 때문에 괴로워할 필요도 없고, 회개할 필요도 없다"는 그들의 달콤하지만 위험한 주장에 미혹되어 잘못된 길로 가고 있다. 기성교회 교인들이 기쁜소식선교회를 비롯한 이단에 미혹되는 것은 일차적으로 잘못된 교리를 전하는 그 단체에게 가장 큰 책임이 있다고 할 수 있을 것이다. 그러나 이를 전적으로 그들의 책임이라고만 말할 수는 없다.

먼저 교인들에게 바른 구원관을 가르치지 못한 기성교회의 문제점을 생각해 볼 필요가 있다. 기성교회에서 구원과 믿음에 대한 잘못된 부분들에 대해 사전에 "믿음으로는 의인이나 행위로는 죄인"이라는 성경적인 대답들을 가르치고, 나아가 많이 활동하고 있는 이단 종파들의 교리적 오류와 성경적인 해답을 교육한다면 기성교인들이 미혹되는 일은 사전에 충분히 예방할 수 있다.

또 한 가지 더 생각해 보아야 할 것은 기성교인들의 신앙태도이다. 많은 기성교인들이 아무런 검증 없이 언론에 보도된 사실만을 보고 이단들의 집회에 참석하고 있다. 또 이런 집회에 참석하는 사람들 중에는 교회 목사님의 말씀만으로 만족하지 못하고 마음의 갈급함을 채우기 위해 이곳저곳, 소위 "좋다"는 부흥회나 신비적인 현상이 일어난다는 기도원을 찾아다니는 사람들도 있다. 그러나 치열한 영적 전쟁 속에서 우리들의 성도와 교회를 지켜나가는 방법은 검증되지 않은 기도원이나 단체를 찾는 것보다 기존교회의 모임을 통해 바른 말씀으로 무장하는 것 외에는 없을 것이다.

정동섭 목사는 이단 대처에 대해 "속은 썩었는데 겉으로는 멀쩡한 사과처럼, 극히 성경적인 것처럼 행세하는 박옥수와 같은 이단은 그 미혹성이 더 크다. 이들은 형식적으로 성경 계시를 인정하기 때문에 성도들에게 미혹성이 더 큰 것이다. 이단들은 말세 위기의식을 고조시켜 절망감을 안겨주고 자기네들을 통해서만이 구원을 얻을 수 있다는 피난처에의 희망을 안겨줌으로 기성교인들을 유혹한다. 이단지도자의 엉뚱한 성경해석, 성경적 무지, 교회의 부정부패와 분열, 신학의 부재와 극단적 자유주의 등도 이단이 발생하는 주요원인이다. 그 단체가 외부로부터의 대화와 충고와 평가를 기꺼이 받아들이는 여부를 살펴보면 이단성 여부를 알 수 있다"라고 말했다. 또한 손봉호 교수는 "이단에 이미 깊이 빠져 들어가 오히려 역공을 취할 준비가 된 사람들은 정통 기독교 쪽에서 상당한 준비를 하지 않는 한 이단에 대해서는 멀리하는 길 밖에 없을 것이다"라고 이단대처에 대해 설명했다.

2) 캠퍼스차원의 대처방안

'캠퍼스는 이단과 전쟁 중'이라는 말이 있을 정도로 그 싸움이 치열하다. 그중에서도 IYF와의 대처에 가장 어려움을 호소한다. IYF는 국내 거의 모든 대학(교)에서 활동하며, 공격적인 포교활동을 펴고 있어 기독교 청년들의 고민이 크다. 종교성을 숨기고 포교하는 IYF를 어떻게 대처하는 것이 효과적일까?

(1) 정확한 정보 파악 – 교단, 전문기관을 통한 정보 수집

IYF에 대해 정확한 정보를 파악하는 것이 우선되어야 한다. 정확한 사실에 근거하지 않은 비판은 오히려 다른 단체나 학교에서 대처하는

데에 방해가 된다. 과거 모 대학교 기독교동아리에서 IYF, 기쁜소식선교회를 오대양사건과 관련된 곳이라고 했다가 IYF에 사과문을 작성한 바 있다. IYF를 오대양사건과 관련 있는 기독교복음침례회와 혼동한 것이다. 사과문은 한 달간 게재했다. 사과문에는 "IYF와 기쁜소식선교회는 순수한 단체임을 밝혀 드립니다"라며 "IYF측에 피해를 드리고 학우님들에게 우려를 끼쳐드려 대단히 죄송"하다는 문구를 명시했다. 이것으로 끝난 것이 아니다. 이 사과문은 최근 다른 대학에서 IYF를 홍보하며 포교할 때 사용하고 있다. 전후 사정을 모르는 학생들은 'IYF는 기독교동아리가 인정한 순수한 단체'로 생각할 위험이 있다.

(2) 실정법 앞에 종교는 평등 – 불법, 교칙위반에 초점

대한민국 헌법은 종교의 자유를 보장한다. 법 앞에는 기독교나 IYF나 평등하다는 사실을 기억해야 한다. 기독교 입장에서 이단은 다른 복음을 전하니 잘못된 집단으로 생각한다. 하지만 이단으로 결의된 단체라고 하더라도 실정법을 어기지 않는다면 전혀 문제가 없는 단체인 것이다. 어떤 사람들은 "왜 이단을 나라에서 막지 않는지 모르겠다", "이단들의 포교활동을 금하는 방법은 없느냐?"며 하소연하곤 하는데, 종교의 자유가 있는 이 땅에서는 기독교에서 이단으로 결의한 곳이라고 하더라도 나라에서 볼 때는 하나의 종교일 뿐이다. 그들의 홍보나 포교를 막고 싶다면, 학교 내에서 불법적인 행위를 한다거나 교칙에 반하는 활동을 찾는 것이 필요하다.

(3) 불필요한 몸싸움은 금물 – 당시 상황 자료 확보

여러 대학에서 나타난 IYF의 성향을 보면, 공격적, 폭력적이다. 한양대학교에서 IYF가 모임을 위해 정식절차를 거치지 않고 세미나실을 빌린 사실이 드러나 총학생회 등 학교관계자들이 입구를 봉쇄한 바 있다. 학교 측은 IYF와 격렬한 몸싸움을 하였고, IYF 측에서는 "여학생을 앞으로 세워! 그러면 성추행이야!"라고 외치며 밀고 들어가려 했다. K대학교의 경우도 기독교 학생들이 예방차원에서 대학교회 내에 이단들의 명단을 공개했는데, 거기에는 IYF도 포함돼 있었다. IYF 소속 신도들은 교목실에 찾아와 담당자를 데려오라고 소리쳤고, 다음날에는 총장과 면담하겠다며 40여 명이 총장실로 들이닥쳤다. 경찰이 오고 나서야 해산했다. 이외에도 여러 대학에서 대자보, 포스터 등을 통해 IYF를 경계하는 문구를 보면, 당사자를 고소하거나 비디오카메라를 들고 집단으로 담당자를 찾아가 위협하는 등의 모습을 보여 왔다. 하지만 감정적으로 대응하면 안 된다. 불필요한 몸싸움으로 법적 처벌을 받을 수 있다. 직접적으로 논쟁이 오가는 상황에 처한다면, IYF 측에서 거짓으로 고소하고 진단서를 끊는 것 등을 대비해, 당시 상황을 녹음하거나 동영상을 촬영해 사실 자료를 남겨둬야 한다.

(4) 합법적인 비판으로 대응 – IYF의 설립자는 기쁜소식선교회 대표

많은 학우들에게 IYF가 이단임을 알려 미혹되지 않도록 하고 싶은 것이 기독인 학생들의 바람일 것이다. 그래서 포스터나 플래카드를 통해 IYF에 대한 문구를 게재해 붙인다. 그 내용이 사실인지 여부, 명예훼손

이나 모욕죄 등의 문제가 없는지 살펴야 한다. 교리적인 비판은 문제가 되지 않는다. 한국 교단에서 교리적인 문제로 기쁜소식선교회를 이단으로 결의한 것이 사실이기 때문이다. 하지만 사실을 적시한다고 하더라도 개인이나 단체의 사회적 가치를 저하시키는 등의 감정적인 문구, 선정적이고 인신공격성 내용은 법적으로 처벌받을 수 있으니 주의해야 한다. 혹 거짓되거나 심히 과장된 부분이 있는지 확인해야 한다. 역으로 IYF가 포스터나 플래카드를 캠퍼스 내에 붙이는 경우를 볼 수 있다. 보통 학교 측의 허락이 있어야 게시가 가능한데, IYF는 동아리로 등록되지 않은 경우가 대부분이니 그들의 홍보물을 발견한다면 학교 측에 신고하는 것이 바람직하다.

(5) 학교 측에 IYF에 대한 정보 제공 – 한국 교단에서 이단으로 결의 동아리연합회나 총학생회에 IYF에 대한 정확한 정보를 반드시 제공해야 한다. 겉으로 보면 기독교 단체 간의 싸움 정도로 비칠 수 있다. IYF의 설립자 박옥수는 한국 교단에서 이단으로 결의한 단체인 기쁜소식선교회 대표라는 사실을 밝혀야 한다. 또 IYF의 주요행사인 월드캠프나 세미나, 강연, 훈련 등의 프로그램에 박옥수가 강의하고 있음을 알려야 한다. IYF 학생들은 국제청소년연합이라는 봉사단체라고 주장하지만, 사실 종교성을 숨기는 단체라는 정보를 제공해야 하는 것이다. IYF는 1995년 기쁜소식선교회의 한미연합청소년수련회에서 시작된 단체로, 단순히 봉사단체로 태동한 것이 아니라는 점을 명확히 할 필요가 있다. IYF는 기독교 신앙을 바탕으로 설립되었다고 밝히고 있고, 그 기

독교 신앙은 설립자 박옥수의 신앙과 일치하며, 박옥수는 이단으로 결의된 기쁜소식선교회 대표라는 점을 부각해야 한다.

캠퍼스가 IYF의 공격적이고, 폭력적인 포교활동으로 몸살을 앓고 있다. 기독교 단체는 IYF가 종교단체이나 그것을 숨기고 포교활동을 한다는 점, 한국 교단에서 이단으로 결의한 기쁜소식선교회와 같은 신앙을 추구하는 단체임을 알려야 한다. 그들이 공격적이고 폭력적인 모습을 보일지라도 침착하고 노련하게 대응하는 자세를 취한다면 IYF를 좀 더 효과적으로 대처할 수 있을 것이다.

Ⅳ 부록

- 구원파 교리 비판
- 구원파 계열의 이단성과 교리적 차이
- 구원파 이단상담소
- 만화: 멸망으로 가는 마인드 강연

구원파 교리 비판

정말 더 이상 회개할 필요가 없는가?

인간이란 무엇인가라는 질문은 하나님은 어떤 분인가라는 질문 못지않게 중요한 신학적 질문이다. 모든 질문에 흑백의 명쾌한 양분법으로 쫙 갈라지는 해답이 주어진다면 좋겠지만, 만약 그게 우리의 현실이라면 그만큼 사람살이가 재미없을 가능성이 높다. 해답이 뻔한 질문을 붙들고 진지하게 씨름할 사람이 누가 있겠는가. 인간의 삶은 그 자체로 일의 달란트라서 어떻게 투자하고 활용하느냐에 따라 결실이 달라질 수 있고, 그에 따라 그 질적 수준도 판이하게 나타나기 때문이다. 인간의 내면세계와 그 욕망구조의 복잡성을 인정한다는 것은, 그 실존의 풍경이 단조로운 기계적인 체계가 아니라 다채롭고도 역동적인 생명계임을 전제한다는 것이다. 예수께서는 "구하라 … 찾으라 … 문을 두드리라"는 말씀으로 그의 제자들이 이러한 하나님과 인간의 감추어진 신비 세계를 끊임없이 탐구하는 구도자의 삶을 살길 기대하셨다. 그렇지만 예수 그리스도가 삶의 유일한 궁극적인 해답이라고 간주한 일부 초대교회의 교부들은 더러 이 말씀에 당혹스런 반응을 보이기도 하였다. 그들의 교리적 체계에 비추어 이미 얻은 궁극적 해답 이외에, 그 바깥으로 무엇을 더 구해야 하는지 황망했기 때문이다. 이러한 예는 해석의 모험이 없는 몇 가지 교리적 정석만으로 하나님의 신비는 물론 인간의 실존조차 웅숭깊게 우려내기 어렵다는 단적인 증거이다.

이러한 맥락에서 인간이 이미 예수 그리스도 안에서 구원을 받았고, 십자가 대속의 공로로 과거와 현재와 미래의 죄를 다 용서받았기 때문에 더 이상 회개하는 것이 무용하다는 세칭 '구원파'의 주장은 인간에 대한 일천한 이해 수준을 드러내는 대표적인 사례라 할 수 있다. 더구나 예수를 알고 나서도 회개하는 것이 사죄의 확신이 없는 불신의 증표이고 구원받지 못한 지옥백성의 증거라는 억설은 그야말로 성경을 잘못 읽어도 한참을 잘못 읽은 유치한 맹신의 발로이다. 교리적 체계에 성경의 내용들을 짜깁기하여 때려 맞추려는 시도는 늘 무모하고 허방의 틈을 자주 노출하게 마련이다. 이는 성경의 교리화에 대한 겸손한 신학적 성찰이 결여되고 그 교리의 신학적 역동성을 충분히 살리지 못하는 메마른 이해의 소치일 뿐이다. 만일 이러한 억지 주장을 하나님이 원하셨다면, 굳이 다양한 삶의 자리에서 다양한 인물을 등장시켜 수천 년에 걸쳐 그렇게 두툼한 성경을 만들지 않아도 되었을 것이다. 질문 없이 해답만 주어진 간명한 몇 가지 정석 체계만으로 충분했을 터이기 때문이다.

이러한 구원파의 주장에 대하여 흔히 성경구절을 인용하여 논박하고 그것의 부당함을 증명하곤 하는데, 그런 상식 이하의 억설에 그처럼 정교한 변증이 필요하고 또 그럴 만한 가치가 있는지 나는 심히 의심스럽다. 이 대목에서 절실하게 요청되는 것은 성서신학적 변증이라기보다 초보적 수준의 정신분석이다. 정확하게 언제 구원을 받았는지 그 연월일에 시와 분까지 기억하여 그 확신에 못을 박아두려는 선병질적 습성은 그만큼 그 확신이 확실하지 못하다는 불안의 역설적 표현 아닐런가. 아울러, 특정한 시점으로 기억을 회귀시켜 자신의 현 존재를 강고하게 붙들어 매고자 하는 욕망에는 현재 모습이 자기 생의 가장 화끈한 구원의 정점에서 멀어지는 듯싶어 어쩔 줄 몰라 하는 초조한 자화상이 가물거린다. 인간이 그처럼 실존의 취약함에 노출되어 있고, 그토록 연약한 자신의 모습에 탄식하는 것이 신앙적 성찰의 배경이 된다면, 그 성찰에 구체적인 동력을 제공하는 힘이 곧 회개가 아닐까 한다. 성경의 수많은 의인들, 그러니까 인간의 기준으로 의인답게 살고자 몸부림쳤던 주인공들은 한결같이 제 삶의 과오 앞에 탄식하며 나름대로 뼈저린 회한을 토로하는 동시에 그것을 고쳐나가고자 애쓴 사람들이었다. "어찌하여 …"와 "언제까지 …"를 외치며 탄식한 수많은 탄식시편의 주인공들이며, 제 생일을 저주하면서까지 실존의 불우함 앞에 치열하게 반응하다가 다시 회개의 눈물을 흘려야 했던 욥은 얼치기 회개무용론에 반하여 얼마나 정직하고 치열한가. 민족의 암울한 역사적 위기에 직면하여 그 고난을 제 삶의 한가운데 부둥켜안고 대리 회개하며 울부짖었던 저 빛나는 예언자들의 행적은 또 어떠한가.

우리는 전통적 속죄론이 주술적 마법처럼 자의적으로 왜곡되고 오용될 위험에도 불구하고, 예수의 십자가 보혈에 담긴 대속적 미덕으로 우리의 연약한 삶이 연루될 수밖에 없는 온갖 죄악의 구조로부터, 나아가 그로 인한 사망의 족쇄로부터 해방되었음을 고백하며 또 믿는다. 그것은 우리가 예수 그리스도로부터 발원한 하나님과의 새 언약에 참여하여 그의 백성이 되었음을 인증하는 일종의 역사적 신기원이고 신학적 인준 절차이다. 그 언약을 통해 제공된 우리의 구원은 우리의 신분을 보장한다는 점에서 완료된 실재이지만, 종말론적 완성을 기다린다는 점에서는 아직 미완의 도상에 현재 진행 중이다. 그 '이미'와 '아직 아닌' 구원의 역설적 상태가 우리의 자범죄를 틈틈이 성찰하면서 회개할 수 있는 근거를 제공해준다. 우리는 자유의지를 가진 자들로서 얼마든지 하나님의 자녀 된 신분에서도 언행심사 가운데 발칙한 짓으로 죄악의 수렁에 빠져 허우적댈 수 있다. 그래서 '시험에 들지 말게 하시고, 악으로부터 구하옵소서'라는 주기도문의 간구가 여전히 효력이 있는 것이다. 생각해 보라. 구약성서에서 이스라엘 족속들이 순전히 하나님의 은총 가운데 언약백성의 신분을 부여받은 상태에서 아무런 회개의 필요성이 없었다면, 왜 하나님이 굳이 온갖 제의법을 별도로 세워야 했는가. 이에 따라 왜 그 백성들이 여러 제물을 드리면서 자신의 속죄를 구하고 또 공동체의 속죄를 위하여 제사장들이 번거로운 제사활동을 해야만 했는가. 유대교의 신학적 체계 역시 하나님의 은혜로 말미암아 이스라엘 백성들이 그 언약의 대열에 이미 들어와 있지만, 그 신분을 유지하는 방편으로 제의절차를 반복적으로 수행하도록 했던 것이다. 이때 그 속죄제물은 자기가 범하는 그때그때의 죄악에 대한 대가로 치러진 것이지 그들이 언약백성의 신분을 박탈당했기 때문이 아니었다.

이후로 때가 차서 예수 그리스도는 자신을 단 한 번의 희생물로 온전히 드림으로써 그 모든 성전제사를 대체하는 극적인 계기를 제공했다. 이는 우리가 시공을 초월하여 예수 그리스도 안에서 새로운 언약백성의 대열에 동참했음을 드러내는 역사적 사건이다. 물론 그 '동참'은 마법적 주술을 쫓아 주입된 값싼 은혜가 아니라 예수의 길을 쫓아 그의 제자로서 살아야 할 삶의 윤리적 결단을 전제로 한 것이다. 그러나 우리는 일상의 장애물에 부대껴 자주 휘청거리는 편이고, 우리 욕망의 변덕은 여전히 현란하게 각자의 삶의 동선을 출렁이게 한다. 그때마다 우리는 언약백성의 신분에 걸맞지 못한 행태를 부끄럽게 여기며 다시 십자가라는 반성의 교차로에서 홀로, 그리고 더불어 탄식하며 후회한다. 그러나 그 탄식과 후회는 습관적이고 퇴행적으로 되풀이되는 심리적 자위물이 아니라 구체적인 개혁의 실천과 맞물려야 한다. 그것이 말의 엄정한 의미에서 '회개'(metanoia)의 차원에 값한다. 그런데 그 회개는 하나님 나라를 이루어나가는 전향적 행위의 일단은 될망정 언약백성이란 우리의 신분을 저당 잡힌 하나님과의 위태로운 도박은 될 수 없다. 단지 서둘러 발을 씻는 것만으로 족한 것이다. 발을 씻어주려는 예수님께 몸까지 다 씻어달라는 베드로를 향해 발만 씻어주는 것으로 족하다고 답하신 의도 역시 교리적 관점에서 풀면 이런 맥락에서 해석되곤 한다.

이렇게 볼 때 구원파의 '회개 무용론'과 '단번에-왕창-구원론'은 고소원이나 불감청의 객쩍은 기대사항이다. 또한 신학적 인식이 결여된 무리한 인간이해의 극치가 이런 종류의 억설에 묻어난다. 하물며 저러한 주장으로 하나님을 선전해대는 지적인 몰골은 하나님께 중차대한 결레이고 불경의 정점이라 할 만하다. 말이야 바른 말이지 그런 하나님을 믿는 이들은 얼마나 불쌍한가. 마치 제 자식이라고 아무리 공중석상에서 뿔난 짓을 해도 꾸짖지 않는 몰염치한 부모, 사과할 줄도 모르는 철부지의 어린자식을 보는 듯한 쓸쓸한 풍경이 나이든 어른들 사이에 펼쳐지는 형국이다. 이걸 희극이라고 웃어주랴, 비극이라고 울어주랴.

한일장신대학교 차정식 교수
「현대종교」 2008년 11월호 게재

구원파 계열의
이단성과 교리적 차이

우리가 속칭 구원파라고 부르는 곳은 잘 알려진 바와 같이 크게 세 개의 계열이 있다. 첫째는 권신찬·유병언 계열의 기독교복음침례회고, 둘째는 박옥수 계열의 기쁜소식선교회(대한예수교침례회)이며, 셋째는 이요한 계열의 생명의말씀선교회(대한예수교침례회)다. 그런데 최근 그 교세가 반대 순서로 가고 있다. 첫째 계열과 둘째 계열이 매스컴 혹은 이단연구단체에서 주 타겟이 되어 비판이 되고 있을 때, 상대적으로 셋째 계열인 이요한 측은 비판이 거의 없어서 그 세력을 키우기 쉬웠던 것으로 생각된다.

구원파는 미국의 딕 욕, 네덜란드의 길기수와 성경공부를 하면서 시작되었다. 딕 욕은 한국의 구원파들이 목사제도를 취하는 것에 대해서 불만을 표시한 적이있다. 원래 형제교회(Brethen Church)의 분파들은 목사제도와 신학제도를 부정한다. 다시 말하자면 한국의 딕 욕 제자들은 스승인 딕 욕의 가르침을 따르지 않은 것이다. 딕 욕은 또 박옥수 측을 상당히 비판한 전례가 있다. 실제로 이요한 측은 권신찬 측에서 분열된 곳으로서 교리적인 내용이 거의 유사하다. 그러나 박옥수 측은 교리가 다소 다른 양상을 보이고 있다.

구원파 중에서 서로 다른 중요한 점을 간략하게 언급하자면 다음과 같다. 박옥수 측에서는 ①이미 구원을 얻은 사람에게는 과거, 현재, 미래의 모든 죄가 더 이상 없어졌다는 것이고, ②회개는 일생에 단 한 번 단회적이라고 주장하며 ③구원받은 사람이 회개를 하면 자신이 죄인임을 인정하는 것으로서 천국에 갈 수 없다고 주장한다. 그러나 이요한 측에서는 ①구원을 얻은 사람들에게는 영은 죄가 없지만 육에는 죄가 남아있다고 주장하며 ②회개는 일생에 단 한 번이지만, 자백은 하여야 하나님과의 교류가 단절되지 않는다는 것이며 ③구원받은 사람이 죄를 지으면 현세에서 육체적인 징계를 받는다고 주장한다.

구원파 교리를 비판하기 위해서는 아래와 같은 내용을 살펴보아야만 한다. 필자가 보는 관점에서는 모두 문제가 있지만, 정통신학적인 관점에서는 이요한 측의 이단성이 더 심각하다고 본다.

1. 회개(메타노에오)란 단회적인가?

"또 내가 다시 갈 때에 내 하나님이 나를 너희 앞에서 낮추실까 두려워하고 또 내가 전에 죄를 지은 여러 사람의 그 행한바 더러움과 음란함과 호색함을 회개(메타노에오)치 아니함을 인하여 근심할까 두려워하노라"
(고후 12:21)

'메타노에오' 라는 헬라어는 '방향수정'을 뜻하는 단어이다. 이 단어는 불신으로부터 하나님에게로 방향수정하는 믿음을 뜻할 때에는 단회적이지만, 죄로부터 돌이킨다는 의미로 사용될 때에는 반복적이다. 성경은 이 두 가지가 모두 언급된다.[1] 다시 말하면 죄로부터의 회개는 성경적이며, 구원파의 주장처럼 단회적인 회개만 있다는 주장은 비성경적이다. 특히, 요한계시록 2~3장에서는 성령께서는 일곱교회에 회개하라고 말하는 본문이 있다.

2. 죄란 무엇인가?

"죄에 대하여라 함은 저희가 나를 믿지 아니함이요"(요16:9)

죄는 존재론적인 물질을 뜻하는 것이 아니라 관계를 뜻한다. 궁극적으로 우리의 죄는 하나님과의 관계를 말한다. 그리스도인들에게 죄가 없다는 말은 죄라고 하는 물질이 존재하지 않는다는 의미가 아니라, 하나님이 우리를 더 이상 죄인이라고 여기지 않으신다는 관계적인 개념을 뜻한다. '칭의'(의롭다함을 받음)는 죄가 없어진 상태가 아니라, 죄가 있음에도 불구하고 믿음으로 의인이라고 불러주시는 하나님의 값없는 은혜에 기인하는 것이다. 정죄하지 않는다는 것은 죄가 없다는 뜻과 다르다.[2] 하나님께 의로 여기심을 받는 것은 죄가 없다는 것이 아니라, 죄가

---

1) 만일 하루 일곱번이라도 네게 죄를 얻고 일곱번 네게 돌아와 내가 회개(메타노에오)하노라 하거든 너는 용서하라(눅17:4), 그러므로 너의 이 악함을 회개(메타노에오)하고 주께 기도하라 혹 마음에 품은 것을 사하여 주시리라(행8:22)

있음에도 불구하고 불법을 사하심이며, 그 죄를 가리우심이며, 그 죄를 인정치 않는다는 것이다.[3]

3. 거듭난 사람은 죄가 없는가?

"만일 우리가 죄 없다 하면 스스로 속이고 또 진리가 우리 속에 있지 아니할 것이요 만일 우리가 우리 죄를 자백하면 저는 미쁘시고 의로우사 우리 죄를 사하시며 모든 불의에서 우리를 깨끗케 하실 것이요 만일 우리가 범죄하지 아니하였다 하면 하나님을 거짓말하는 자로 만드는 것이니 또한 그의 말씀이 우리 속에 있지 아니하니라"(요일1:8~10)

죄가 없는 사람은 이 세상에 단 하나도 없다고 성경은 말하며, 오직 하나님만 온전하시다고 말한다. 물론 거듭난 사람에게도 죄가 있다.[4]

박옥수 측은 죄와 범죄가 다르며, 요한일서 본문은 범죄를 뜻하는 것이 아니라고 하면서, 『죄사함 거듭남의 비밀』이라는 책에서 다음과 같이 주장한다. "성경에는 '죄'와 '범죄'에 대해 명백하게 나뉘어져 있다. '만일 우리가 우리 죄를 자백하면…', 이 말씀에서 '내가 도둑질 했습

---

2) 그리스도 예수 안에 있는 구속으로 말미암아 하나님의 은혜로 값없이 의롭다 하심을 얻은 자 되었느니라(롬3:24)
3) 하나님께 의로 여기심을 받은 사람의 행복에 대하여 다윗의 말한 바, 그 불법을 사하심을 받고 그 죄를 가리우심을 받는 자는 복이 있고 주께서 그 죄를 인정치 아니하실 사람은 복이 있도다 함과 같으니라(롬4:6~8)
4) 그럴 수 없느니라 사람은 다 거짓되되 오직 하나님은 참되시다 할지어다 기록된 바 주께서 주의 말씀에 의롭다함을 얻으시고 판단 받으실 때에 이기려 하심이라 함과 같으니라(롬3:4)

니다' 하고 범죄한 것을 자백하라는 것이 아니라 죄를 자백하라는 뜻입니다." 그러나 요한일서 본문은 "만일 우리가 범죄하지 아니하였다면"이라고 기록하고 있다.

또한 이요한 측은 요한일서 본문에 대해서 자백은 하여야 한다고 주장한다. 구원파는 죄가 없다고 하면서 왜 자백을 하여야 한다고 주장하는가? 과연 요한일서 본문이 육에는 죄가 없고 영에만 죄가 있다는 뜻인가? 성경 본문은 자신에게 죄가 없다고 하는 자들은 스스로 속이고 진리가 그 안에 없는 사람이라고 성경은 말하고 있다.

4. 영과 육의 이원론

과연 영에는 죄가 없고 육에는 죄가 있을까? 이러한 주장을 이원론이라고 하며, 초대교회부터 있었던 이방적인 주장이며 이단적인 주장이다. 이러한 주장을 하는 이단은 초대교회 영지주의였으며, 지방교회, 베뢰아 등이 있는데, 영에는 하나님이 거하고 육에는 사탄이 거한다고 주장한다. 그러나 성경은 영과 혼과 몸을 모두 보전하라고 말한다.[5] 또 육체만 죄를 짓는 것이 아니라 우리의 영도 깨끗케 하라고 말한다.[6] 마찬가지로 육체만이 죄악되고 더러운 것이 아니라, 육체도 영과 함께 전인

---

5) 평강의 하나님이 친히 너희로 온전히 거룩하게 하시고 또 너희 온 영과 혼과 몸이 우리 주 예수 그리스도 강림하실 때에 흠 없게 보전되기를 원하노라(살전5:23)
6) 그런즉 사랑하는 자들아 이 약속을 가진 우리가 하나님을 두려워하는 가운데서 거룩함을 온전히 이루어 육과 영의 온갖 더러운 것에서 자신을 깨끗케 하자(고후7:1)

적으로 하나님께 예배를 드리며 하나님을 찬양할 수도 있다.[7]

사람은 살아서 영과 육이 연합된 총체적인 존재로서 죄는 그 전인적인 마음에 있다. 성경은 영도 죄가 있고 더러우며, 우리의 육체에도 예수의 생명이 나타나고 하나님을 찬양한다고 말한다.[8] 사람의 죄는 육체에 있는 것이 아니라 그 마음에서 나온다. 성경에서 '육체의'라는 말은 '죄 많은'이라는 단어와 때로는 동일시되기도 하지만, 그것은 육체 자체에 죄가 있다는 뜻이라기보다는, 육신을 가진 인간 자체가 연약함으로 유혹의 목표가 되기 때문이다. 어떤 헬라의 이원론자들과 같이 죄가 육체에만 있는 것이 아니라, 마음으로부터 그 영향과 활동이 지정의에 미쳐 전인적으로 죄가 파급된다.[9]

5. 성경의 오역

구원파의 심각한 이단성은 구원관보다는 오히려 종말론에 있으며 극단적이며 변질된 세대주의적 종말론을 주장한다. 그들은 다니엘서와 계

---

7) 하나님이여 주는 나의 하나님이시라 내가 간절히 주를 찾되 물이 없어 마르고 곤핍한 땅에서 내 영혼이 주를 갈망하며 내 육체가 주를 앙모하나이다(시63:1)

8) 우리 산 자가 항상 예수를 위하여 죽음에 넘기움은 예수의 생명이 또한 우리 죽을 육체에 나타나게 하려 함이니라(고후4:11)

9) 선한 사람은 마음의 쌓은 선에서 선을 내고 악한 자는 그 쌓은 악에서 악을 내나니 이는 마음(헬: 칼디아)의 가득한 것을 입으로 말함이니라(눅6:45), 만물보다 거짓되고 심히 부패한 것은 마음(히: 레브)이라 누가 능히 이를 알리요 마는(렘17:9), 마음(헬: 칼디아)에서 나오는 것은 악한 생각과 살인과 간음과 음란과 도적질과 거짓 증거와 훼방이니(마15:19)

시록의 단어들을 임의적이며 자의적으로 해석하여 그들의 종말론으로 짜깁기를 하고 있다. 예를 들면 열뿔은 EC유럽연합(EU)의 전신이라고 하는데, 현재 유럽연합은 10개국이 아니라 27개국이다. 이요한은 유럽연합이 다시 10개국이 될 것이라는 궁색한 변명을 하고 있다. 그들은 666이 베리칩이라고 하며, 적그리스도, 세계단일정부, 음녀, 칠십 이레, 삼년 반 등을 모두 자의적으로 해석하여 왔으며, 십수년 동안 종말이 다가왔다는 주장으로 미혹하여 왔다. 권신찬은 이미 오래 전부터 기차가 종착역에 거의 도착하였다고 주장했지만, 자신이 죽을 때까지도 종말은 오지 않았다. 그들의 구원관은 배타적이며, 임박한 종말론을 주장하므로 교인들은 구원파 교회를 떠날 수 없게 된다. 또 그들의 성경해석은 상식적으로 보아도 말이 안 되는 해석이 너무 많다. 예를 들면 이요한 측은 여자가 누룩을 넣은 가루 서말이 삼위일체라고 주장하며, 누룩에 대해서 기독교가 복음을 변질시킨 것이라고 해석한다. 이요한은 삼위일체가 자신이 아버지, 남편, 목사로 불리는 것과 같다는 전형적인 사역적 양태론을 주장한다. 그럼에도 불구하고 그들의 홈페이지는 자신들이 정통삼위일체를 가르친다고 위장을 하고 있다는 것은 그들이 대내적인 주장과 대외적인 주장이 다르다는 것을 의미한다. 권신찬 측도 삼위일체를 영과 혼과 육의 비유로 설명하며, 박옥수 측도 역시 양태론이 나타난다.

이요한 측은 구원을 영의 구원, 생활의 구원, 몸의 구원으로 분류하는데 마가복음 4장 26~29절을 인용하여 싹과 이삭과 열매로 비유풀이를 한다. 그러나 본문은 구원을 세 가지로 분류한 것이 아니라, 하나님나라에 대한 비유로서 씨를 뿌리면 저절로 자라나서 열매를 맺고 추수할 때가 된다는 뜻으로 하나님의 주권적이며 통치적인 섭리를 말하는 내용이다. 특히 박옥수 계열은 동일한 뿌리를 가진 구원파로서 유사한 교리를 주장하지만, 위와 같은 종말론적인 설교를 거의 발견할 수 없으며, 거의 대부분 구원관과 죄관에 대한 주장만 하고 있는데 워낙 신학적인 배경이 없다보니, 그 교리가 매우 단순하여 모순과 오류가 많다. 특히 선한 사마리아인에 대한 박옥수의 풍유적인 해석은 아무도 동의할 수 없는 해석으로 신천지와 조금도 다름이 없는 비유풀이라고 할 수 있다. 이런 식의 엉터리 해석이 많다. 또별이라는 건강식품을 암 치료제이며 에이즈에도 효과가 있다고 박옥수가 직접 설교하면서 과장되고 거짓된 선전과 홍보를 하다가 벌금형에 처했던 것은 박옥수에게 치명적인 상처를 입힌 것으로 판단된다. 이와 같이 교회와 기업이 병행되는 연관성은 유병언 측에서도 찾아 볼 수 있다. 그러나 건강식품을 암 치료약이라고 선전하는 행위는 중대한 불법이며 범죄임에도 불구하고 뉘우치는 모습이 전혀 없다는 점에서 반윤리적이고 반도덕적인 인격적 열매를 드러내고 있다.

세계한인기독교이단대책연합 연구위원 이인규 권사
「현대종교」 2013년 11월호 게재

구원파 이단상담소

다음은 한국기독교이단상담소협회(www.jesus114.net) 내 구원파 상담이 가능한 상담소 현황이다.

안산상담소 진용식 소장 0502-838-1452
광주상담소 강신유, 임웅기 소장 010-8611-7741
전남상담소 김종한 소장 010-4616-0081
인천상담소 고광종 소장 010-6321-0691
경기북부상담소 김남진 소장 010-7410-1318
서울상담소 이덕술 소장 010-8907-9191

멸망으로 가는 마인드 강연

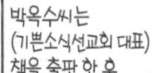
박옥수씨는 (기쁜소식선교회 대표) 책을 출판 한 후

저자 사인회를 개최하며 홍보에 박차를 가했다.

이와 함께 책의 내용을 현장에서 전하는 마인드 강연을 집중적으로 개최하고 있다.

자기개발이라는 이름하에 행해지는 박씨의 이같은 행보는 종교색을 감춘 포교행위로 보인다.

IV. 부록 143

신사도운동 바로알기

신사도운동에 대한 상담이 적지 않다. 신사도운동의 오해의 소지를 바로잡고, 교회와 성도들의 바른 신앙생활을 돕기 위해 『신사도운동 바로알기』를 출간했다. 『신사도운동 바로알기』는 ▲신사도운동이 궁금하다 ▲신사도운동이란 무엇인가 ▲신사도운동은 무엇을 주장하는가 ▲신사도운동은 건전한가 ▲신사도운동에 관련된 단체들 ▲신사도운동의 집회현장 순으로 작성되었다. 신사도운동에 대한 이해를 통해, 오늘날 교회의 역할을 재인식하고, 영적 경각심을 새롭게 하는 계기가 될 것이다.

현대종교 편집국 엮음/
신국판/ 68쪽/ 4,000원

월간 현대종교 02059 서울시 중랑구 용마산로 122길 12 (망우동 354-43)
MRM www.hdjongkyo.co.kr Tel. (02)439-4391~4 Fax. (02)436-5176 E-mail. hd4391@hdjongkyo.co.kr

올바른 신앙, 건강한 삶을 위한

이단 바로알기(개정판)

월간 「현대종교」에서 기성교회 성도들을 대상으로 『이단 바로알기』를 출간했습니다. 2012년부터 2016년까지 현대종교 상담통계 자료를 근거로 가장 많은 상담이 있는 열두 단체에 대한 정보를 수록했습니다.

현대종교 편집국 엮음/
신국판/ 432쪽/ 23,000원

올바른 신앙, 건강한 삶을 위한

이단 바로알기

1. 신천지예수교증거장막성전
2. 세계복음화전도협회(다락방)
3. 구원파
4. 하나님의교회 세계복음선교협회
5. 지방교회
6. 사랑하는교회(구 큰믿음교회)
7. 통일교
8. 기독교복음선교회(JMS)
9. 제칠일안식일예수재림교회
10. 예수중심교회
11. 만민중앙교회
12. 여호와의 증인

가이드 북도 나왔어요!!
가격 1,500원

www.hdjongkyo.co.kr
현대종교

현대종교 이단사이비 자료집

만화로 보는 이단 바로알기

현대종교 편집국 엮음/
신국판/ 212쪽/ 8,000원

실생활에서 접근하는
이단들의 모습을
쉽고 재미있게 소개한
만화로 보는 이단!!

 월간 현대종교 02059 서울시 중랑구 용마산로 122길 12 (망우동 354-43)
www.hdjongkyo.co.kr Tel. (02)439-4391~4 Fax. (02)436-5176 E-mail. hd4391@hdjongkyo.co.kr